사랑이라는 이름의 지배

사랑이라는 이름의 지배

초판 1쇄 찍은 날 2022년 9월 12일
초판 1쇄 펴낸 날 2022년 9월 22일

지은이 다지마 요코
옮긴이 정승진
펴낸이 김일수
펴낸곳 파이돈
출판등록 제406-2018-000042호
주소 03940 서울 마포구 월드컵북로 207 근영빌딩 302호
전자우편 phaidonbook@gmail.com
전화 070-4797-9111
팩스 0504-198-7308

ISBN 979-11-963748-7-7 03330

책값은 뒤표지에 있습니다.

사랑이라는 이름의 지배

다지마 요코

정승진 옮김

파이돈

일러두기

- 단행본 · 잡지 등은《 》로, 논문 · 작품명 · 편명 등은 〈 〉로 표기했다.
- 본분의 각주는 모두 옮긴이의 것이다. 원서의 각주는 (원서)로 표기했다.

추천사

우리를 행복하게 하는 페미니즘

다지마 요코田嶋陽子는 토론 버라이어티 〈비트 다케시의 TV태클〉에 출연해 높은 지명도를 얻은, 일본을 대표하는 페미니스트다. 1990년대 헤이세이가 막 시작됐을 무렵, 나는 페미니스트가 어떤 사람인지, 페미니즘이라는 것이 무엇인지 전혀 몰랐지만, 이 프로그램에서 주고받는 말들이 재미있어서 웃으며 지켜보는 사이에 어느덧 페미니스트와 다지마 요코를 동의어처럼 받아들이게 되었다. 그 이미지는 나뿐만 아니라 다른 사람들에게도 마찬가지였으리라.

다지마 요코는 워낙에 눈길을 사로잡는 존재였다. 단말머리에 안경을 쓴 모습으로 출연해 낮고 차분하지만 단호한 목소리로 말하며, 상대가 그 유명한 '비트 다케시'라도 한 발도 물러서지 않았다. 논쟁이 뜨거워졌을 때의 험악한 표정만큼이나 '와하하' 하는 의성어가 딱 와닿는 빅스마일도 인상적이었다. 누구와도 닮지 않은 강한 캐릭터는 텔레비전이 절대적인 영향력을 행사하던 시대에 압도적인 확산력을 가지고 일본 내에 널리 퍼졌다. 그 인기에 힘입어 광고나 드라마, 영화에도 발탁될 정도였다. 대학에서 영문학과 여성학을 가르치는 페미니스트가 TV에서 연예인에 뒤지지 않는 개성을 발휘해 유명인의 반열에 오른 사례는 전무후무하다.

그러고 보면 1990년대는 지금보다 훨씬 앞서 나간 시대였던 것 같다. 하지만 당시 다지마 요코의 발언을 제대로 이해하고, 더 나아가 긍정적으로 받아들였던 사람이 얼마나 있었을까? 당시의 나 역시 전혀 이해하지 못했다. TV라는 압도적인 권위가 보여주는 올바름이란 언제나 스튜디오의 다수를 차지하는 아저씨 패널 쪽에 있었다. 다지마 요코는 언제나 그들과 대척점에 선 '빌런'의 역할이었다. 여성 패널도 그녀 편에 서는 사람은 없었고 남성 패널과 하나가 되어 비웃곤 했다. 당시 TV 프로그램은 그런 집단 괴롭힘과 비슷한 구도로 기억에 남아 있다.

뭣 모르는 시청자였던 나는 스튜디오의 분위기에 곧이곧대로 순응해서 덩달아 웃을 뿐 의심할 줄을 몰랐다. 심지어 그녀가 여성을 감싸거나 여성 편에 서는 발언을 해도 그 '여성'에 나 자신도 포함되어 있다는 사실조차 자각하지 못하고 있었다. 내 머리로 생각하지 않고 TV 손바닥 위에서 마냥 굴러다녔을 뿐이다. 그 결과 방송이 끝나면 늘 "다케시가 좋은 말 하더라" "역시 다케시"라는 뒷맛만 남았다. 그런 보여주기 방식을 프로그램은 하나의 형태로 만들어내고 있었다. 나를 비롯한 시청자들에게 페미니스트와 동의어로 묶인 다지마 요코는 그렇게 어딘가 부정적인 존재로서 인상이 박히게 되었다.

2001년 다지마 요코는 참의원 의원이 되었다. 전국 지상파 프로그램에서 모습을 드러내는 일이 줄어들졌지만, "알고 있는 페미니스트를 한 명 꼽는다면?"이라고 묻는다면 분명 대부분의 사람들은 망설임 없이 "다지마 요코"라고 답할 것이다. 그렇다, 그녀는 지금도 일본에서 제일 유명한 페미니스트이다.

그런데 내 자신이 겨우 페미니즘에 눈을 떠 여성학에 흥미를 가지게 되었을 때에도 '그래, 다지마 요코의 책을 읽어보자!'라는 생각은 이상하게도 들지 않았다. 내가 눈 뜬 페미니즘과 다지마 요코 사이에 어떤 큰 간극이 있었다. 페미니즘 관련 책을 사들이며 고전도 신간도 다 살펴보았지만 거기에 다지마 요코의 책은 들어가 있지 않았다. 더욱 이상한 것은 페미니즘에 붙어 다니는 부정적인 이미지가 내 안에서 불식되었어도 아직 다지마 요코에 대한 이미지는 여전히 부정적으로 남아 있었다는 사실이다. 그 정도로 그녀에 대한 '낙인'이 너무나 깊이 내 안에 새겨져 있었다.

막상 다지마 요코의 책을 읽기 시작하자 그녀에 대한 오랜 세월의 오해가 단숨에 풀렸다. 방송으로 유명해지면서 미움받는 자의 역할을 억지로 떠맡게 된 것은 다지마 요코라는 사람의 인생에서 일어난 우연한 해프닝 같은 것은 아니었을까. 그녀는 명석한 분석력으로 연구에 몰두하는 대학교수이자 성장기의 트라우마를 연애를 통해서 극복할 줄 아는 지성인, 상처투성이가 되더라도 자신에게 한결같이 정직한 사람이었다. 그렇게 거짓없는 사람을 어떻게 싫어할 수 있겠는가. 다지마 요코를 처음 방송에서 본 지 20년이 지나고 나서야 나는 뒤늦게 그녀를 아주 좋아하게 되었다.

계기가 된 것은 SNS였다. 언젠가 다지마 요코에 대한 트윗이 눈에 띄었다. "사람들은 '인기없는 페미니스트'인 것처럼 오해하고 있지만, 알고 보면 유럽 귀족과도 연애경험이 있을 만큼 사랑을 아는 여자다. 사람들이 알고 있는 이미지는 방송에 의해 만들어진 것일 뿐, 책을 읽어보면 알 수 있어요." 분명 그렇게 쓰여 있었다. 그래서 책을 사보았다. 대부분 절판이라 헌책으로 구할 수 있었던 책은 문고본으로 나온 영화비평집 《히로인은 왜 죽임을 당하는가》(단행본 제목은 《영화 속의 여성》)였다. 책을 읽자마자 나는 가슴이 철렁 내려앉을 정도로 놀랐다. 명작영화라고 해도 여성의 시선으로 보면 위화감 있는 경우가 많은데 다지마 요코는 그것을 차분하고 예리하게 해석해간다. 이 책은 거의 30년 전에 쓰여졌다고는 생각되지 않을 만큼 참신한 시점과 남성문화의 권위에 기죽지 않고 깊숙이 파고 들어가는 맑고 청신한 감성, 무엇보다 '요즘스러운' 센스가 느껴졌다. 반가운 나머지 다지마 요코의 다른 책에도 손을 뻗었다. 그것이 바로 이 책 《사랑이라는 이름의 지배》이다.

《사랑이라는 이름의 지배》는 1992년 타로지로사에서 단행본으로 출간된 이래 오랫동안 스테디셀러로 사랑을 받다가 2005년 고단샤에서 문고본으로 나왔다. 독자들이 읽고 있는 이 책은 2019

년 새로 펴낸 것이다.

단행본과 문고판의 내용은 같지만 한 가지 큰 차이점이 있다. 단행본에는 텔레비전에 등장하게 된 다지마 요코의 사진이 많이 들어가 있다. 강연 중의 각양각색의 표정, 그리고 쑥스러운 듯 장난기 어린 포즈의 사진까지 다양하다. 거기에는 시대의 한복판에 당당히 서 있는 한 여성이 매우 생생하게 담겨 있다. 그 모습은 여성스럽게 보이지도 않고 그렇다고 남자처럼 연기하고 있지도 않다. 다지마 요코라는 한 '개인'이 있는 그대로 찍혀 있을 뿐이다.

다지마 요코는 어떻게 해서 그 '개인'을 획득해 나갔을까. 이 책에는 바로 그 해답이 담겨 있다. 저자는 자신이 걸어온 인생을 솔직하게 털어놓고 아픔을 숨김없이 고백한다. 어린 시절의 경험과 어머니와의 관계에서 출발하여, 한 여성이 자신을 똑바로 마주하고 고통의 뿌리를 찾아가는 과정을 그리고 있다. 조곤조곤한 말투로 대담무쌍한 비유를 거침없이 사용하면서 여성이 차별받는 구조적 얼개를 알기 쉽게 풀어내고, 윤리도덕이나 사회규범, 문화나 미의식에 이르기까지 추궁해간다. '다지마 페미니즘'의 결정판이라고 할 수 있다.

우리가 여자이기 때문에 받게 되는 차별적 구조는 하늘을 가리는 구름처럼 자연스럽고 당연하게 존재한다. 따라서 그것이 무엇인지 의문을 갖거나 이상하다고 느끼는 것 자체가 쉽지 않다. 그러나 차별적 구조에 일단 눈을 뜨면 도처에 속속들이 들어차 있는 여성차별을 의식하지 않을 수 없다. 공통 언어를 얻은 동지들과는 한마음 한뜻으로 서로를 이해할 수 있다. 이를 전제로 한 여성학 책도 많다.

하지만 이 책의 주목할 점은 아는 사람만 알면 그만이라는 좁은 시야에 머물러 있지 않다는 것이다. 오히려 '구름'의 존재를 털끝만큼도 깨닫지 못하고 있는, 그러면서도 여자로서의 고통은 충분히 맛보고 있는 사람에게 향하고 있다. 프롤로그에서 "아는 것은 괴롭다. 자신이 차별받고 있다고는 생각하고 싶지 않다. (중략) 먼저 아는 것, 그것이야말로 해방되기 위한 첫걸음이라고 생각한다"고 아픔을 수반하는 독서 체험이 될 것을 먼저 밝히면서, 후기에서는 아는 것, 마주 보는 것을 통해 "자신감을 갖고 편안한 마음으로 인생을 즐겼으면 좋겠다"며 끝맺는다. 이렇게 따뜻한 페미니즘 책은 여간해서는 찾아보기 어렵다.

이 책을 통해 우리가 만나는 것은 스스로의 힘으로 더듬거리며 해답을 찾고 치유해온 사람의 체험에 뿌리를 둔 현장 페미니즘이다. 그 분석의 과정과 탐구의 성과를 부디 여러분 모두 유용하게 쓰라고, 그리고 행복해지라고 흔쾌히 나누는 저자의 마음이다. 읽고 나면 꼭 껴안고 싶은 책이 드물게 있는데 이 책이 바로 그렇다.

책을 읽고 나서 나는 여기저기 만나는 사람마다 《사랑이라는 이름의 지배》를 추천하고 다니는 풀뿌리 운동을 시작했다. "요즘 뭐 재미있는 책 있어요?"라고 물어오면, "다지마 요코의 책이요!"라고 답했다. "어…, 다지마 요코?"라고 상대가 의아한 반응을 보이면 그 오해를 풀고 다녔다. 좋은 반응도 있는가 하면 미묘한 반응도 있었다. 그중에서 가장 열렬한 반응을 보여준 사람은 동료작가인 유즈키 아사코였다. 그리고 페미니즘 전문 출판사, 엣세트라 북스[1]를 막 시작한 편집자 마츠오 아키코 씨도 그랬다. 그녀가 페미매거진 《엣세트라 vol.2》의 책임편집을 제안했고, 2019년 5월에 발매되어 화제가 된 《vol.1》의 다음 호 예고로 〈야마우치 마리코 & 유즈키 아사코 책임편집 특집 / We Love 다지마 요코!〉라는 문구가 게재되었다.

우리가 20대였을 때, 페미니즘은 반격Backlash를 당하고 있었다. 철이 들고 나서부터 줄곧 불황, 취직 빙하기에 턱밑까지 잠기고, 많은 젊은이가 사회진출의 길목에서 철컥 셔터가 내려져 꼼짝도 하지 못했다. 그리고 세상은 서서히 보수화되어 갔다. 자아실현을 인생의 테마로 내걸면서 어디로도 나아가지 못하고 있는 우리를 반면교사로 삼은 것인지, 정신을 차려 보니 아래 세대의 여성들은 전업주부를 동경하고 있었다. 어쩔 수 없는 일이다. 자립을 목표로 하려고 해도 비정규직으로는 빈곤이라는 막다른 골목으로 달려갈 뿐이니까. 20세기의 여성들이 비집어 열어놓은 미래가 21세기에 들어서자마자 한 바퀴 빙그르 돌면서 되돌려지려 하

1 etc.books (https://ectbooks.co.jp)

고 있다. 내가 페미니즘에 눈을 뜬 것은 바로 그런 시기였다.

페미니즘을 알면 여성들이 서로 이어져 있음을 알 수 있다. 그저 여자라는 것만으로 우리는 모두 자매지간이다. 감동적인 것은 날실 즉 세로줄의 유대를 실감하는 순간이다. 메이지, 다이쇼, 쇼와, 헤이세이 각각의 시대를 살아온 만나본 적도 없는 여성, 차별과 싸워온 여성들. 그녀들이 가시덤불을 깎고 한 걸음 한 걸음 밟고 다져서 만든 길 위에 우리가 지금 서 있다. 그것을 알게 된 이상, 나는 누군가가 차려 준 권리에 양반다리를 하고 앉아 숟가락만 얹는 뻔뻔한 인간은 되고 싶지는 않다.

취재를 진행하면서 만난 다지마 요코는 70대인 지금도 요미우리TV 계열의 토론 버라이어티쇼에 출연하는 여전한 현역이면서 상송 가수로 활동하고 서예 장르에서 활기차게 자신을 발휘하느라 바쁜 나날을 보내고 계셨다. 결코 잘난 체하지 않고, 겉과 속이 다르지 않으며, 유머를 찰지게 구사하는, 적극적이고 명랑한 사람이었다. 말씀도 잘하시지만 귀를 기울일 줄 알고 유연한 사고력을 갖고 있었다. 젊은이들이 사용하는 단어 중에 모르는 것이 있으면 "그게 무슨 뜻이야?"라고 솔직하게 묻는다. 정신의 젊음은 외모에도 나타나 꼿꼿하고 바른 자세로 경쾌하게 걸으며 화사한 옷이 잘 어울리는, 존재 자체에 화려함이 감도는 사람이다. 한마디로 기분 좋은 사람이었다. 이런 멋진 사람을 세상은 지금도 오해한 채로 있다니…….

그 오해를 비로소 풀 때가 왔다.

일본에서 가장 유명한 페미니스트이면서 오랫동안 과소평가되어왔던 다지마 요코라는 사람을 지금의 가치관으로 다시 들여다본다면 무엇이 보일까.

이 책이 다시 출간된 것은 더할 나위 없는 기쁨이다. 이 명저가 한 사람이라도 더 많은 사람들에게 읽히길 바라며 그녀의 메시지가 와닿기를. 그리고 독자 한분 한분에게 다지마 요코의 이미지가 쇄신되어 긍정적으로 바뀌기를 바란다. 그녀의 명예를 위해서 이 대중스타 페미 아이콘을 올바르게 재평가하는 것은 편견과 오해의 늪에 빠진 페미니즘 그 자체를 해방시켜 일본 여성 모두를 축복하는 일이 될 것이라고 믿기 때문이다. 그럴 게 분명하니까.

2019년 8월

야마우치 마리코[2]

2 야마우치 마리코(山内マリコ) - 1980년 도야마현 출신. 오사카예술대학교 영상학과 졸업. 2008년 《16세는 섹스 연령》으로 '여자에 의한, 여자를 위한 R-18문학상' 독자상을 수상했다. 현재 소설을 쓰고 잡지에 다양한 글을 기고하고 있다. 주요 작품으로는 《귀여운 결혼》, 《쇼핑과 나》, 《그 애는 귀족》 등이 있다. 《외로워지면 내 이름을 불러줘》, 《설거지 누가 할래》 두 편이 국내에 번역 출간되었다.

차례

2장 노예선의 여자들

3장 마리아도 이브도 아닌, 당신 자신으로 살아라

4장 페니스 없이도 사랑할 수 있을까

5장 억압의 고리, 어떻게 끊을까

6장 페미니즘 앞에 수식어는 필요없다

프롤로그

페미니즘이라고 하면 "인기 없는 여자들의 비뚤어진 생각"이라던가 "어지간히 남자한테 구박받았나 보네"라는 식의 반응이 되돌아오곤 한다.

나의 페미니즘의 원점은 어머니다.

어머니는 엄하신 분이셨다. 병으로 침대에 누운 채 수년간 몸을 움직이지 못하고 있었을 때조차 두 척짜리 자로 나를 가르치셨다. 한편으로는 "공부해야지!"라고 다그치시다가도 "공부 잘해서 뭐해! 여자답게 굴지 않으면 시집갈 데가 없는데"라며 상반된 말로 윽박을 주셨다. 나는 어머니가 하시는 말씀에 꼼짝달싹 못 하는 어린 시절을 보냈다.

열여덟 살에 도쿄로 나와 부모 곁을 떠나고 나서도 어머니의 보이지 않는 실은 나를 계속 지배했다. 여자라는 사실이 그렇게 갑갑할 수가 없었고 하고 싶은 말도 제대로 하지 못했으며 내가 내 자신이 아닌 듯했다. '어째서 나는 이렇게 괴로울까, 왜 이렇게 살기 힘든 것일까, 아마도 내가 인간으로서 미숙하기 때문이겠지?' 생각하며 계속 괴로워했다.

그 고통으로부터 해방되고 싶어서 내 나름대로 어머니와의 관계, 남자와의 관계, 사회와의 관계를 생각하고 분석에 분석을 거듭했다. 그리고 나 자신이, 나아가서는 모든 여성이 처해 있는 차별적 상황을 페미니즘의 입장에서 제대로 설명할 수 있게 됐을 때 나는 비로소 그 고통에서 벗어날 수 있었다. 오랜 시간이 걸렸다.

나를 괴롭히던 어머니도 자신의 어머니로부터 괴롭힘을 당해왔던 것을 알게 되었다. 어머니도 할머니도 여자라는 이유로 자신이 살고 싶은 인생을 살 수 없었다. 어머니들은 딸들을 지배함으로써 그 울분을 풀고 있었던 것이다. 내가 잘못한 것도 아니고 어머니가 잘못한 것도 아니었다.

여성들을 붙들어 매고 있는 억압의 고리가 보이자 나는 어머니를 용서할 수 있었고, 그때까지 '왜 여자는 이럴까?'라고 의아하게 생각했던 것도 이해하고 납득하게 되었다.

이 책은 나에게 지대한 영향을 끼친 어머니와의 갈등과 그로부터 해방되기까지의 과정에서 발견한 것들을 그리고 있다. 여성을 괴롭히고 있는 것을 근본적으로 풀어헤쳐 나가는 가운데 드러나게 된 것은 여성 전체를 빠짐없이 모조리 지배하고 있는 구조로서의 여성차별이다.

아는 것은 괴롭다. 자신이 차별받고 있다고는 생각하고 싶지 않다. 그래서 도망치고 싶지만, 자신이 어떤 상황에 놓여 있는지도 모르는 오리무중이 사실은 더 괴롭다. 먼저 아는 것, 그것이야말로 해방되기 위한 첫걸음이라고 생각한다.

2005년 10월

다지마 요코

1장

깨달은 순간, 페미니스트

저는 1941년생이니까 태평양 전쟁이 시작된 해에 태어나 전쟁이 끝날 무렵에는 네 살이 되었습니다. 오카야마에서 태어났지만, 아버지가 전근하시면서 생후 6개월인 저를 만주로 데려가셨습니다. 만주에서 아버지가 군에 징집되자 어머니는 저를 데리고 본국의 상황을 살피러 일본으로 돌아왔습니다. 그것이 1943년 무렵입니다. 전쟁 상황이 심상치 않아 어머니와 저는 그대로 일본에 머무르게 되었고, 이후 처음 몇 개월은 다지마 가문의 며느리와 손녀로서 아버지의 본가 신세를 졌고, 그 후에는 니가타의 외갓집으로 옮겼습니다. 본가에서도 외가에서도 식객으로 지낸 셈이었습니다.

어머니는 당시 지극히 평범한 기혼 여성이었기에 일자리를 구하기가 어려워 친척들이 우리를 돌봐주어야 했습니다. 어머니와 저는 얻어먹고 산다는 것이 얼마나 굴욕적인 일인지 그 시절에 배우게 됩니다.

아버지 본가에 있을 때의 일 중에 한 가지 잊을 수 없는 경험이 있습니다. 친척들이 많이 모여 살던 곳에 어머니와 제가 얹혀 살게 된 것인데, 식사 때가 되면 사람들 앞에는 생선이 나오는데 식객인 우리 앞에는 생선이 없었습니다. 아직 어려서 사정을 몰랐던 내가 "엄마, 나도 고기!" 하고 칭얼거리면 어머니는 "입 다물고 밥 먹어"라며 제 따귀를 찰싹 손바닥으로 때리곤 했죠. 그런 일은 식사 때마다 반복되었습니다.

음식으로 차별받는다는 건 굉장히 쓰라린 일이죠. 어머니께서는 그때 일을 너무 분하게 여기셔서 두고두고 말씀하시곤 했습니다. 그 '생선 사건'은 저에게 일종의 트라우마로 남았던 것 같습니다.

남에게 먹을 것을 달라고 하고 얻어먹을 수밖에 없는 상황이 얼마나 굴욕적인 일인지 알게 된 두세 살 무렵 그 경험은 제 삶의 원점이 되었습니다. '무슨 일이 있어도, 거리낌 없이, 원하는 만큼 좋아하는 것을 먹을 수 있으면 좋겠다.' 그런 생각이 어릴 적부터 줄곧 떠나지 않다가 스스로 돈을 벌 수 있는 사람이 되고 싶다는 생각으로 이어졌던 것 같습니다.

벌을 참기만 하는 미련한 아이

외갓집에서 지낼 때 지금까지도 마음에 걸리는 일이 있었습니다.

당시는 전쟁 후반이라 초상집이 많았습니다. 화장터가 가까운 곳에 있어서 수시로 스님을 볼 수 있었기에 아이들도 스님 흉내를 내며 장례식 놀이를 하고 놀았습니다. 동갑내기 사촌 여자아이와 둘이서 할머니의 허리띠를 꺼내와 어깨부터 비스듬히 걸치고 "남묘호렌게쿄[3]"라고 떠들며 온 동네를 누비고 다녔습니다. 부모님이 어떻게 아셨는지 "허리띠 걸치고 스님 흉내를 내다니 경망스러운 것도 정도가 있지!"라며 우리 둘 다 호되게 꾸중을 들었습니다. 그래서 뜸을 뜨는 벌을 받게 됐습니다.

사촌인 마사코는 이전에도 그런 벌을 받아본 적이 있었는지 쑥뜸에 불이 붙자마자 곧바로 쑥을 털어버리고 달아났습니다. 그러자 할머니도 어머니도 마사코를 몹시 칭찬하는 것이었습니다. "마사코는 날쌘 아이로구나"라고요.

그런데 저는 벌이니까 받아야 한다는 생각에 뜨거운 걸 꾹 참고 있었더니 "너는 미련 곰탱이구나"라고 욕을 먹었습니다. 할머니와 어머니는 저를 마사코와 비교해서 "얘는 몸만 컸지 미련한 아이"라고 평가해버린 것입니다.

'뜸을 뜨라고 하니까 꾹 참았을 뿐인데…'라고 변명하고 싶었지만 서너 살짜리 아이에게는 그 말이 나오지 않았습니다. 뿌리친 마사코가 칭찬받고 꾹 참으려고 노력한 내가 어째서 바보 취급을 당하는 것인지 알 수 없었던 것입니다. 그때의 분한 기억은 지금도 생생합니다.

3 나무묘법연화경(南無妙法蓮華經)의 일본식 발음으로 묘법연화경에 귀의한다는 의미.

싫다고 말하지 못하는 '노예근성'

이제 와 돌이켜보니 그 뜸 사건을 어떻게 이해해야 할지 알게 되었습니다. 서너 살 즈음의 나에게는 이미 '노예근성'이 배어 있었던 것입니다. 도시 생활을 모르고 시골에서 깡총깡총 뛰어다니던 마사코라는 아이는 위험을 재빨리 감지하고, 아무리 벌이라도 자신을 다치게 하는 것은 싫다고 단호히 거부할 수 있는 배짱이 남아 있었던 것입니다.

당시 시골에서는 다들 바빠서 아이들을 돌봐줄 여유가 없었습니다. 그러니까 적어도 마사코는 저보다 어른들의 간섭을 덜 받았고 노예근성에서 조금은 더 자유로웠던 건 아닐까 싶습니다.

어머니는 유난히 성미가 급하고 결벽증이 있어서 "이건 해서는 안 된다, 저건 해서는 안 된다"는 식으로 가르치셨습니다. 그래서 저는 어머니 말이라면 뭐든 들어야 한다고 생각했습니다. 뜸이란 게 어린아이한테는 학대이건만 그래도 엄마 말을 듣지 않으면 안 되고, 또 들으면 칭찬받을 수 있지 않을까, 세 살 나이에 이미 그런 근성이 있었던 것입니다.

어머니가 "너를 착한 아이가 되게 하려는 거란다"라며 철썩 때릴 때도 저는 "죄송해요, 저는 나쁜 아이니까 많이 때려주세요"라는 듯 엉덩이를 내밀고 기다립니다. 마사코처럼 잽싸게 도망치지 못합니다. 그게 바로 노예근성의 시작이었던 게 아닌가 생각합니다.

나를 아프게 하거나 괴롭히는 상황에서 도망치지 못하고, 괴로운 상황에서는 모두 내가 잘못했고 부족했기 때문이라고 자신만 탓하게 되는 심적 경향mentality이 이렇게 만들어졌습니다. 내가 착한 아이가 되면 사랑받을 거야, 내가 착한 아이가 되면 이 사람은 나에게 미소를 짓고 안아주고 맛있는 밥을 줄 거야, 라는 생각에 젖어든 것입니다.

아이들이란 노예근성에 아주 쉽게 노출되어 있습니다. 우선 부모가 키워주기 때문에 부모에게 이쁨받지 않으면 살아가기 쉽지 않으므로 싫어도 부모의 말을 들어야 합니다. 그렇지 않으면 행실이 못됐다든가, 나쁜 아이라든가, 귀엽지 않다든가 등등 여러 낙인이 찍혀서 아주 괴롭죠. 어지간히 강한 아이가 아니라면 '그래도 괜찮아'라는 식으로 쉽게 넘어갈 수 없습니다. 아이는 부모로부터 도망칠 수 없는 구조 속에 있기 때문에 부모는 그러한 상황을 이용하려고 하면 얼마든지 이용할 수 있습니다.

네가 귀여우니까 혼내는 거야

아버지가 전쟁에서 돌아오시자 어머니는 결핵성 척추염에 걸려 카나마이신이라는 약이 생길 때까지 6년 동안 앓아 누웠습니다. 뼈에 결핵균이 들어가서 생기는 병으로 뼈가 녹아서 흘러나오죠. 고름이 쌓이면 장애가 발생하기 때문에 의사가 주사기로 고름을 뽑아냅니다. 고름을 빼내는 부위에 구멍이 뚫려 잔뼈가 움푹움

푹 드러납니다. 어머니는 곧 돌아가실 듯했습니다.

어머니는 자신이 죽을 것을 각오하고 있었기에 제가 혼자 살아갈 수 있도록 하려면 직업을 갖게 하는 것이 제일이라고 생각하셨습니다. 자신도 피난처에 있는 동안 양재학교에 가거나 이것저것 해보려고 했지만, 그녀의 말에 따르면, "사방이 온통 적들뿐이어서 딸 혼자 그 속에 남겨두고 밖에 나갈 수 없어서 좌절됐고" 그 때문에 자립할 수 없었다고 아쉬워했습니다. 일자리를 얻게 되면 그런 굴욕을 당하지 않아도 된다고 생각했기 때문에 제가 공부해서 홀로서기 할 수 있는 인간이 되는 것이 어머니의 소원이셨나 봅니다.

어머니는 줄곧 침대에 누운 채 지내셨습니다. 나이 서른 전후라면 인생의 가장 빛나는 시기인데 하고 싶은 것도 못하고, 어머니와 아내로서의 일도 하지 못했습니다. 내일 죽을지도 모르는 상황에서 저를 홀로서기 시켜야 했으니 어머니 나름대로 초조하기도 했겠죠.

침대에서는 석고로 만든 상자 모양의 깁스 코르셋 같은 것 속에 누워 계셨기 때문에 몸을 움직일 수 없었습니다. 그럼 무얼 하는가 하면, 두 척짜리 자를 옆에 두고 그걸로 저를 철썩 때리는 것이었습니다. 저는 대나무 자가 닿는 곳에 있어야 했고 맞을 때 도망가서는 안 됐죠. 도망이라도 가면 어머니는 불같이 화를 냅니다. 열이 나면 몸에 해로우니 도망갈 수도 없었습니다.

히스테리를 일으킨 어머니가 교과서를 두 동강으로 찢어서 창밖에 내던져버린 적도 있었습니다. 저한테 교과서는 성경책처럼 신성한 것이었기 때문에 너무나 속상한 나머지 마음이 갈기갈기 찢겨지는 것 같았습니다.

또 어머니의 몸이 조금 나아져서 가족끼리 여행을 가거나 하면 돌아와서 저의 하루를 평가하셨습니다. 너는 왜 그런 걸음걸이로 걸었고 왜 그런 말을 했으며 왜 그런 식으로 밥을 먹었고 큰소리를 내며 떠들어댔냐는 등 저의 일거수일투족을 모두 지적했습니다. 계속 그런 식으로 당하다 보니 저는 자의식과잉이 되고 아무것도 할 수 없게 되었습니다. 무언가를 하는 게 무서워집니다. 어머니는 "네가 귀여우니까, 훌륭한 사람으로 자라라고 혼내는 거야"라고 말씀하십니다. 하지만 저는 마치 손과 발이 나뭇가지처럼 하나씩 꺾이는 것 같았습니다.

어느덧 저는 감정표현이 자유롭지 않게 되었습니다. 여러 감정들을 속으로 눌러 막았던 것입니다. 분노를 억누르고, 울면 혼나니까 슬픔을 억누르고, 외로움을 억눌렀습니다. 학교가 끝나도 집에 가는 것이 싫어서 운동장 한가운데에 혼자 우두커니 서 있거나 옥상에서 시간을 보낼 때도 있었지요. 집에 가면 무섭다, 그런데 어디로 가면 좋은지 모르겠다, 그런 느낌이었습니다.

가정판 이지메

제 남동생은 엄마를 닮아 눈이 또렷하고 귀여웠습니다. 어머니는 동생이 예뻐서 저의 빨간 기모노를 입히거나 동생과 제가 바뀌었더라면 좋았을 텐데, 라고 말씀하시곤 했습니다. 제가 비록 아버지와 어머니의 안 좋은 점만 물려받았기는 했어도 두세 살 때의 사진만 보면 귀여운 또래의 여자아이처럼 보입니다. 그런데 초등학교에 들어갈 무렵부터 삐쳐서 얼굴 인상이 점점 나빠져 버리자 "우리 집안에 이런 얼굴은 없어, 이렇게 못난 아이는 낳은 기억이 없어"라는 말을 들었습니다. 못생긴 데다 몸집은 크고, 말도 안 듣고 건방져서 밉상인데 공부만 잘 해봤자 소용없다는 투의 얘기를 계속 듣다 보니, 삼중고 사중고 느낌으로 자신감을 잃어갔습니다.

제 경우에 부모님의 사랑이란 '이지메'와 종이 한 장 차이였던 것 같습니다. 훈육이라는 이름에 가려진 괴롭힘이었죠. 하지만 당시엔 그런 식으로 거리를 두고 바라볼 수 없었습니다. 괴롭힘이라고는 꿈에도 생각지 못했습니다. 단지 어머니에게 귀염을 받고 싶은 일념으로 어머니가 저를 꾸짖는 이유는 모두 제가 잘못했기 때문이라고 생각했습니다. 이제는 어머니가 왜 저를 그렇게 괴롭혔는지 잘 알겠습니다.

가르침이나 교육, 사랑의 이름으로 어머니가 아이를 괴롭힌다는 것은 어머니 자신의 삶의 방식에 어떤 문제가 있다는 뜻이기도 합니다. 어머니가 어떤 삶을 살고 있는가가 전부 아이에게 투사됩니다. 자식을 위해서만 살아야 하는 사람은 너무나 억압된 인생을 살고 있습니다. 억압된 인간은 자칫 자신도 모르게 자신보다 더 약한 자에게 몹쓸 짓을 하게 되는 수도 있습니다.

어머니는 억눌린 채 출구 하나 없는 상황 속에 있었고, 분노와 불만을 표출하지 못한 채 부글부글 끓고 있었던 거죠. 그 끓는 물을 누군가에게 끼얹고, 누군가 그것 때문에 괴로워하는 것을 보고 싶었던 것은 아닐까, 그렇게 해서 속이 후련해지는 것 같은 느낌이 들었던 게 아닐까 싶습니다. 물론 그것은 모두 무의식의 영역에서 이루어졌을 것입니다. 의식하게 되면 그 사람은 삶의 방식을 바꿀 테니까 말이죠.

억눌린 사람, 괴롭힘 당한 사람이 자신보다 약한 사람을 괴롭히는 억압의 연쇄 구조는 학교에서와 마찬가지로 가정에서도 드러납니다. 회사에서 안 좋은 일이 있었던 아버지가 집에 돌아와 툴툴거리고 아내를 때리거나 혹은 무시합니다. 살림살이가 어떻다느니 청소가 어떻다느니 불평합니다. 그러면 남편에게 시달린 엄마가 이번에는 아이에게 "너, 뭐 하니, 공부는 했어?"라는 등 야단을 치고, 그 다음엔 그 아이가 개를 걷어차거나 학교에 가서 자기보다 약한 아이를 골라 괴롭힙니다. 이렇게 괴롭힘의 연쇄 구조가 만들어지지는 것이죠.

어릴 적 제게 가장 무서웠던 존재는 어머니였습니다. 엄마 말대로 하지 않으면 매를 맞습니다. 얻어맞은 제가 이번에는 누구를 괴롭히느냐 하면 동생을 괴롭히는 겁니다.

저는 자주 동생을 돌봐야 했습니다. 동생을 업고 놀러 가면 빨간 기모노를 입고 있는 동생을 모두들 "귀엽네, 귀엽네" 합니다. 그러면 저는 업고 있는 동생을 거기에 내려놓습니다. 그리고 모두가 동생과 놀고 있는 사이에 저는 숨습니다. 동생이 제가 없는 것을 눈치채고, "요코 누나"를 부르며 울기 시작하면, 울고 있는 동생을 숨어서 보면서 저도 따라 웁니다. 그러다가 동생에게 나타나면 동생이 반색을 하며 달려옵니다. 저는 그게 그렇게 기뻐서 어쩔 줄 몰랐습니다.

그렇게 저에게 괴롭힘을 당한 동생은 한밤중이 되면 가위눌려서 웁니다. 그러면 아버지와 어머니는 저를 깨워서 "너 또 괴롭혔구나"라고 혼내고 집 밖으로 내쫓습니다. 비라도 오는 날 누군가 길 가는 사람이 있으면 뒤따라가고 싶었습니다. 그런 일들이 매일 반복되곤 했었죠. 낮에 집에 안 계신 아버지는 어머니와 저 사이에 무슨 일이 일어나고 있는지 모르기 때문에 어머니와 합심하여 저를 꾸짖습니다.

남동생은 남동생대로 중학생쯤 되자 어머니의 괴롭힘을 피해 갈 수 없었습니다. 그때 괴롭힘의 구실이 된 것이 바로 저였죠. 공부를 별로 좋아하지 않았던 동생은 "너도 요코 누나처럼 공부를 열심히 해야지. 남자가 돼서 공부를 못하면 어떡하니"라며 매일 야단을 맞았습니다.

괴롭힘의 구조라는 것, 즉 억압된 사람과 함께 있으면 그보다 약한 처지에 있는 사람이 어떤 꼴을 당하게 되는가 하는 것을 저는 어릴 적에 이미 넌더리 날 정도로 봐 온 것입니다.

남에게 사랑받기 위해 '자기'를 죽이는 일

저를 홀로서기 할 수 있도록 키우고 싶다는 어머니의 결심은 옳았다고 생각합니다. 그런데 그 방식이 저에게는 억압 그 자체였습니다. 전쟁 후라 맛있는 과자도 아무것도 없었으니 '이거 줄 테니까'라는 식의 '달래는 수단'이 아무것도 없는 상황에서 그러한 훈육을 받아왔던 것입니다. '달래기 수단'이라고 할 만한 것이 "엄마가 이렇게 화를 내는 것도 다 네가 귀여워서 그러는 거야" 정도였을까요? 그렇지만 제 입장에서는 조금도 사랑받는다고 느껴지지 않는데 이걸 '달래기'라고 말할 수 있을는지 모르겠습니다. 그저 '귀여워서 때린다'라고 하는 이 모순된 말의 조합은 오랫동안 제 안에서 맴돌게 됩니다.

물론 어린아이였던 저는 '억압' 같은 단어는 몰랐습니다. 단지 자주 가위눌리곤 했는데 그럴 때면 어김없이 거대한 지구가 가슴 위로 덮쳐오는 꿈을 꾸었습니다.

그 무렵 '뾰로통해 있다'고 자주 꾸중을 들었습니다. 사실 억압받는 사람일수록 금방 토라지거나 뾰로통해지곤 합니다. 친한 인간관계에서 무슨 일이 생겼을 때 보통 센 사람이 자기주장을 하고, 약한 쪽은 아무 말도 못하게 됩니다. 약한 사람은 상대에 대해서 불만이 있거나 하고 싶은 말이 있어도 선뜻 말할 수 없을 때 뾰로통해지거나 토라집니다. 그리곤 울지요.

저는 그렇게 점점 토라지게 되었습니다. 강자인 어머니 앞에서 '공연히 말해봤자 화를 자초할 뿐'이니까요. 따귀도 날아오고 두 척의 자가 철썩일 테니까요. 토라지면 얼굴 표정이 아주 안 좋아집니다. 몸집은 크고 못생겼는데 토라지기까지 하면 답이 없는 상태가 되지요. 거기에 대고 어머니는 "아무리 공부를 잘해도 남이 좋아할 만한 귀여운 아이가 아니면 시집갈 수가 없어진다니까"라고 하시죠.

앞서 말씀드린 뜸의 경우와 마찬가지입니다. 착한 아이가 되라고 뜸 체벌을 하면서 또 그것을 참고 있으면 반대로 미련 곰탱이라고 꾸짖습니다. 이에 맞설 수는 없지만 소소한 항의 차원에서 삐치는 것이고 얼굴이 보기 흉하게 일그러지죠. 그러면 "빙긋빙긋 웃지 않으면 사람들이 좋아하지 않는다, 좋은 며느리가 될 수 없어"라는 말을 듣게 되는 저는 어째야 좋단 말입니까? 그렇잖아요? 여성학자이자 라이프 아티스트인 코마샤쿠 기미駒尺喜美 씨의 말을 빌리면 파란불과 빨간불이 동시에 켜지는 것과 똑같은 상황이 되고 마는 것입니다.

어린 시절의 저에게 남들로부터 사랑받는다는 것은 웃고 싶지도 않은데 이를 드러내고 웃는 것이며, 마음으로는 'NO'라고 생각해도 얼굴로는 'YES'라고 말하는 것, 상대의 안색을 살피고 가능한 한 귀염을 받게끔 행동하는 것, 있는 그대로의 자신으로 있어서는 안 되는 것, 자신을 한없이 남들의 색으로 물들여 가는 것이었습니다.

그러므로 저에게 있어 다른 사람의 사랑을 받는다는 것은 매우 거북한 일이었습니다. 자신을 계속 조그맣게 깎아버리는 것, 달리 표현하면 자신을 작은 우리 속에 가두어두는 것에 지나지 않았습니다. '사랑을 받는다'는 표현에서 '받는다'는 수동형의 단어를 사용하는 한 나는 누군가의 마음에 들 수 있도록 자신을 접어둘 수밖에 없고 있는 그대로의 나라는 건 아무런 가치도 없는 것이 됩니다. 만약 그렇다면 있는 그대로의 나라는 것은 통째로 부정되고 자신이 무엇인지 점점 더 알 수 없습니다. 마음속 깊은 곳으로부터 무언가를 느낄 수 없고 자기 머리로 생각할 수도 없게 되는 것입니다.

괴롭히는 사람에게서 도망치지 못하는 심리

저는 어떻게든 어머니로부터 벗어나고 싶었습니다. 그래서 대학에 들어가면서 부모님 곁을 떠나 기숙사 생활을 시작했을 때 비로소 자유로워졌다고 생각했습니다. 그때까지는 늘 "어디에 가면 안 된다, 누구를 만나서는 안 된다, 집안일을 하고 나서 공부해라,

아무리 공부를 잘한들 가게 일, 집안일 돕는 것도 못하고, 못생기기까지 해 남에게 귀염받지 못하는 사람은 안 된다"는 말만 줄곧 듣고 살았기 때문에 자신의 시간을 마음껏 갖고 싶었죠. 아무튼 빨리 집을 나가 혼자 살고 싶었습니다.

그러니 대학에 들어갔을 때 얼마나 기뻤겠습니까. 그런데 어머니한테 전화가 오면 눈물이 들통으로 한가득 될 만큼 웁니다. 그때 왜 그렇게 눈물이 났는지, 신기한 일이었습니다.

우리는 자신을 괴롭히는 사람에게서 벗어나고 싶어 하면서도 동시에 그 사람에게 자기 마음을 전하고 싶은 마음도 가득하기 마련입니다. 왜 다정하게 사랑해주지 않은 건지, 왜 마음을 몰라주는 건지. 왜 꾸짖기 전에 자기 말을 들어 주지 않는지 등 저로서는 전하고 싶은 말이 잔뜩 있는데도 부모님은 들어주지 않습니다. "네가 잘못했어" "넌 착하지 않아" "넌 바보야" 등 매번 똑같은 대사의 반복이지만 어떻게든 자신을 이해해 주었으면 합니다. 그런데 그런 마음이 또 다른 형태의 사랑이 되기도 합니다. 괴롭힘의 형태로 자신에게 쏟아지던 관심에서 해방될 때 해방감과 동시에 뭐라 말할 수 없는 애달픈 마음이 듭니다. 이상하지요? 가장 피하고 싶은 상대라도 20년 가까이 괴롭힘을 당하고 있으면 그 지배조차도 그리워지고 맙니다.

아이에게 있어 어머니는 가장 소중한 사람입니다. 아이는 그 가장 소중한 사람에게 필사적으로 인정받고자 합니다. 하지만 절대 알

아주지 않습니다. 자녀에게 있어 어머니는 마치 하느님 같은 거죠.

저는 10대 때부터 기독교에 관심을 가졌고 2, 30대를 지나면서 기독교인이 될지 말지를 두고 고민해본 적이 있습니다. 그 무렵 제가 받은 인상으로는 신은 결코 대답을 주지 않았습니다. 성서를 읽는 사람은 어떻게 하면 하나님의 사랑을 받을 수 있을까 하고 열과 성을 다합니다. 가르침을 지키고, 자기를 바꾸려고 노력하고, 수양을 거듭하면서 달마상[4]이 되어 신을 찾습니다. 절실하게 신을 갈구하면서 제발 알아달라고 말이죠. 하지만 묵묵부답입니다. 결국 이쪽에서 멋대로 신에게 이해받는 수밖에 없는 것입니다.

왠지 그 기독교의 신과 신자가 되고자 하는 사람과의 관계는 어머니와 저와의 관계와 비슷했습니다. 어머니와 저 사이에도 역시 그런 관계의 축소판이 있는 것 같다는 생각이 들었습니다. 저에게 어머니는 절대자였습니다. 사랑이라는 이름으로 꾸짖고 훈계하고 괴롭히니까요. 하지만, 결코 내 쪽의 기분은 이해해 주지 않습니다. 설명하려고 하면 "말대꾸하지 말라"고 야단맞고, 입을

4 달마대사가 좌선하고 있는 얼굴을 그려 넣은 오뚝이 같은 일본의 장식물이나 장난감을 다루마상이라고 한다. 9년 동안 면벽수행을 한 달마대사 일화를 모티브로 한 것으로 행운을 기원하는 용도로 널리 퍼졌다. 처음에 살 때는 눈동자가 없는데, 소원이나 목표를 생각하면서 한쪽 눈을 그려 넣고, 그게 이루어지면 비로소 나머지 눈동자를 그려 넣는 풍습이 있다.

다물면 "뾰루퉁해 있다"고 혼납니다. 그래도 사람들은 자기를 혼내거나 때리는 사람에게 사랑이 있어서 그렇겠지, 라고 생각하고 따릅니다. 벗어날 수가 없어요. 의존감에 계속 매달리게 합니다. 특히 자녀는 부모를 선택할 수 없습니다. 따르지 않을 도리가 없지요.

길을 가다보면 엄마가 어린아이를 무자비하게 혼내는 걸 볼 때가 있습니다. 아이는 우는 것도 잊고 새파랗게 질려서 필사적으로 어머니의 치마에 매달립니다. 그 광경에서 아이의 두려움이 보이시나요? 아이는 버림받는 것이 두려워서 자신을 굽히면서까지 필사적으로 부모의 말을 들으려고 하는 것입니다.

설거지를 하면서 울고 계셨던 어머니

집을 떠나 어머니와의 사이에 거리가 생기고 나서 어머니와 저의 관계에 대해 여러 가지로 생각할 수 있게 되었을 때, 가르침이라는 이름으로 나를 괴롭히던 어머니도 실은 나와 같은 괴로움이 있었다는 것을 깨닫게 됩니다.

어머니도 역시 자기 어머니를 미워하셨습니다. 당신의 아버지를 더 좋아하셨죠. 왜냐고 묻자 할머니가 엄하셨기 때문이라고 말씀하십니다. 할아버지 쪽이 그렇게도 다정하게 귀여워해 주셨다고 합니다.

하지만 어머니는 "내가 엄마를 싫어했던 건 엄격하셨기 때문"

이라고 말하면서도 그걸 자기 자식인 저에 대한 자신의 엄격함과 연결시키지 못했습니다. 설사 연결시켰다 할지라도 자신도 어쩌지 못하는, 가슴 속에 쌓인 뭔가가 분출된 것일지도 모릅니다. 왜냐하면, 어머니는 단지 여자라는 이유로 이 사회가 여자에게 기대하는 삶의 방식으로만 살아야 했다고 분한 마음을 가지고 계셨기 때문입니다.

전쟁이 끝나고 병석에 누운 어머니는 아버지 들으라고 일부러 그러는 듯, 니가타의 친정 자랑을 이것저것 했습니다. 고향에서는 가장 크고 대단한 집이었다든가, 남들은 무명옷을 입을 때 자기는 비단옷을 입혀주었다는 등 친정 자랑을 하고는, '왜 나만 이렇게 살아야 하는 거야'라고 자신의 불우함을 한탄했던 것입니다. 그렇게 좋은 집이었는데 '왜 교육을 받지 못했을까'라며 부모를 원망하기도 했습니다.

저희 아버지와 어머니는 이웃에 소문날 정도로 금실이 좋은 부부였습니다. 어머니는 젊은 시절 혼담이 결정되어 약혼예물까지 주고받았지만, 농사짓는 사람과는 도저히 결혼하고 싶지 않다며 도망쳐 버렸습니다. 만주로 도망가서 거기서 아버지와 만나 결혼하게 됩니다. 전쟁 후 아버지는 술도가 일을 하시며 척추염을 앓는 어머니를 돌보면서 저와 동생을 키웠습니다.

어머니로 말씀드릴 것 같으면 병으로 누워 계시면서도 침대 속에서 여왕님처럼 거만하게 굴었습니다. "내일 죽는다, 내일 죽어"라고 앓는 소리를 해가면서 말이죠. 아이의 눈에는 그렇게 보였습니다.

아버지는 매우 상냥한 분이셔서 그런 어머니에게 매력이라도 느끼고 계셨나 봅니다. 정말 대단하지 않나요? 오늘내일 죽을지도 모르고 전부 돌봐주고 있는데도 소심해지지 않고 의기양양하셨으니 말입니다. 아마 어머니는 자기 몸 하나 돌보는 게 고작이었겠지요. 고통과 절망에 짓눌려 있었기에 자신의 인생에 미칠 듯이 화가 나 있지 않았을까요? 서른 살 정도밖에 안 됐는데 죽게 된다니, 너무 억울해서 어쩔 수 없었다고 생각합니다.

간혹 몸 상태가 좋아져 병의 소강상태가 이어지면 어머니는 몸소 일어나 화장을 하고 부엌에 섰습니다. 아직도 잊을 수 없는 것은 어머니가 설거지를 하며 울고 계셨던 모습입니다. "왜 엄마만 아침 점심 저녁, 이렇게 밥그릇 엉덩이나 문지르고 있어야 해"라고 하시면서요.

어머니가 우는 것을 보는 것은 아이에게는 하늘이 뒤집힐 정도로 힘든 일이지요. 항상 엄격하게 나를 가르치시는 어머니가 우시다니. 게다가 오랜만에 기운을 차렸으니 설거지를 하는 것은 어머니의 몫이라고 저는 생각했습니다. 원래라면 설거지를 안 해도 되는 아버지가 늘 하셨기 때문이죠. 하지만 어머니는 "어째서 엄마만"이라고 말씀하셨습니다.

여자에게는 목에 걸린 사슬이 길이만 다를 뿐

어머니는 몸 상태가 조금 나아지면 더 큰 집을 짓고 싶다든가, 저기 땅이 싼 것 같으니까 땅을 사서 장사를 하고 싶다든가, 아무튼 뭔가를 하고 싶어 하셨습니다. 그런데 어머니가 이것저것 하고 싶다고 해 봤자 실질적으로 아버지가 도장을 찍어주지 않으면 아무것도 할 수 없지요. 아버지는 큰 병을 앓고 있는 어머니를 보살피는 입장이라 언제 또 병이 악화되어 큰 지출이 있을지 모르니까 걱정이셨던 거죠. 좀처럼 "그래"라고는 대답해 주지 않았습니다.

어머니 입장에서야 아무리 아버지가 잘 대해주었어도 막상 자기가 뭔가를 하고 싶어서 도장이 필요할 때 아버지가 "NO"라고 하면 아무것도 할 수 없어 많이 억울했을 겁니다. 3, 40년 전만 해도 중요한 도장은 한 집안의 가장인 아버지만의 것이었습니다. 바로 가부장제의 모습이죠.

어머니는 남편이 그토록 아껴줬어도 이래라저래라 잔소리 듣고 사는 아내들에 비해 목에 걸린 사슬의 길이가 조금 더 길 뿐이지 자신 역시 가부장제의 울타리 속에 묶인 존재임을 나름대로 실감하고 있었던 것입니다. 그래서 어머니는 "도장 하나가 사람을 죽인다"고 하셨습니다. 과장된 말일지도 모르지만, 확실히 누가 도장을 가지고 있느냐에 따라 여자의 인생이 결정되고 누가 주인인지 알 수 있습니다. 남편이라는 이유만으로 도장 하나로 사람의 생사여탈권을 쥐고 흔들 수 있다는 것을 어머니는 분명히 알고 계셨던 겁니다.

그래도 어머니는 아버지가 돌아가시고 나서도 계속 아버지에 대한 고마움을 간직하고 계셨습니다. 돌아가신 후 3년 동안, 매일 세탁한 셔츠를 옷걸이에 걸고 밥상[5]을 차려놓고 손을 모으셨습니다. 하지만 장난삼아 다시 태어나도 아버지와 결혼하겠냐고 물었더니 "No"라는 대답이 돌아왔습니다. 아버지가 돌아가신 후에는 "남자? 결혼? NO!"라 하시네요. 아버지가 그렇게 잘해주셨어도 자신은 결국 남편 손바닥 위의 존재에 지나지 않는다는 것을 뼈저리게 느끼고 있었던 것이죠. 자아가 강하고 성미가 괄괄한 사람이기 때문에 좋은 남편과 결혼 자체는 별개라는 것 정도는 잘 알고 계셨을 겁니다. 때리는 남편보다 아껴주는 남편을 만나서 그저 운이 좋았을 뿐이라는 걸.

"왜 엄마만 삼시 세끼 설거지를 해야 해?"라든가 "도장 하나가 사람을 죽인다" 등 어릴 적 귀에 꽂혔던 어머니의 그런 말은 제 가슴속에 깊숙이 남아 제가 성장해가면서 실감하게 되는 아픔과 함께 다시금 떠올리게 됩니다.

어머니의 그 말씀들은 평생 잊을 수가 없습니다. 어머니와 저는 괴롭히고 괴롭힘을 당하는 관계였지만 그래도 여자라는 입장

5 陰膳(음선, 카게젠). 없는 사람 몫의 밥을 준비하는 것으로 여행 중이라거나 부재중인 집안사람이 객지에서 굶지 않기를 바라는 소원을 담아 집에 있는 사람이 조석으로 차려 놓는 밥상.

에서 생각해보면 나도 결국 엄마와 다를 바 없는 현실에 서 있구나 하는 것을 항상 상기시켜 주는 말이고, 또 내가 페미니스트로서 살아가면서 갈피를 잡지 못하거나 나약해졌을 때 항상 마음속으로 되새기는 말이기도 했습니다.

피난처에서의 '생선 사건'으로 맛봤던 굴욕이나 어머니가 했던 말들은 결국 남에게 의지해서 살아갈 수밖에 없는 상황에 놓인 인간이 느끼는 굴욕으로부터 나옵니다. 그 굴욕은 바로 이런 것들이죠. 먹여 살려주고 있으니 대신 설거지해야 한다, 여자에게 허용된 자유는 짧고 긴 차이만 있는 목에 걸린 줄 정도이다, 결혼하는 것밖에 여자가 살 길은 없다, 여자는 가축처럼 길러지는 존재다, 자신의 인생을 자신이 선택할 선택권이 없다 등등. 어머니의 입 밖으로 흘러나온 말들은 제 인생에 여러 가지 의미로 경고를 보냈을 뿐만 아니라 문제 제기도 해줬습니다.

어머니는 괴로운 나머지 제게 발길질을 휘둘렀습니다. 저는 발길질에 채여서 상처받은 마음을 오랜 세월에 걸쳐 치유해가면서 왜 내가 그런 일을 당했어야 했는지 그 이유를 줄곧 고찰해 왔습니다.

이 책은 그런 고찰에 대한 중간보고인 셈입니다.

2장

노예선의 여자들

저는 줄곧 도쿄 외곽 고쿠분지에 살다가 일이 바빠지면서 도심으로 이사하게 되었습니다. 이사한 곳은 신주쿠 근처 도쿄 한복판으로서 이른바 시타마치下町[6]풍의 모습이 아직 남아 있었습니다. 다들 제법 친절하고 남일 돌봐주기를 좋아해서 이웃 사람들과 옛날부터 알던 사이처럼 금방 가까워졌습니다. 그래서 '대체 뭐가 도시의 고독이라는 거야?'라는 생각이 들었죠. 게다가 가게 아저씨들이 저마다 개성 있으면서 살짝 멋도 부리고 트여 있었죠. 그래서 다른 나라에서 온 사람들이 흔히 시타마치야말로 국제화[7]가 가장 앞서 있는 것 같다고 말하던 것을 떠올리고, "과연 그렇구

6 에도시대에 형성된 서민 마을. 일본의 근대화와 함께 야마노테 서쪽으로 확장되어 근대 일본의 도시가 된다. 현재의 시타마치는 촌동네, 변두리로 인식되고 볼거리 인간적인 면이 많은 곳이며 우에노 주변에서 시작하는 스미타구, 아사쿠사, 다이토 구, 에도가와 구 등이 해당. 말 그대로 지형적으로 낮은 지역으로 비인기 주거지역이지만 외국인에게는 인기가 있다.

7 문맥상 중요하지는 않지만 국가간 개방이나 교류를 의미하는 국제화는 전세계를 하나로 묶는 세계화와는 다른 개념이다.

나!"라고 감탄하기도 했습니다.

그런데 이곳에 '도깨비'가 살고 있었습니다. 가령 도장 가게에 가서 아저씨와 이런저런 이야기를 나눕니다. 아저씨는 슈트도 잘 소화하는 꽤 세련된 분입니다. 그런데 이야기 도중에 갑자기 어떤 일이 떠올랐는지 휙 뒤를 돌아보면서 웃던 얼굴이 전혀 다른 얼굴로 변할 때가 있습니다. 그런 얼굴로 "어이, 그거 어디 갔지?"라고 말합니다. 그러면 "어?"나 "네" 하고 말하거나, 때로는 말없이 불쑥 누가 모습을 드러냅니다. 그게 아까 제가 말한 '도깨비'입니다. 그렇게 나타난 사람은 대개 회색이나 갈색, 연지색의 인상을 하고 있죠. 칙칙한 꽃무늬 앞치마를 걸치고 화장 같은 건 하지도 않았으니 낯빛도 갈색입니다.

신사 같은 아저씨의 상냥하고 생글거리는 느낌과 그 아저씨가 뒤를 돌아보며 "어이?"라고 말할 때의 표정에서 보이는 태도의 갑작스러운 변화도 놀랍지만, "어?" 하며 나온 사람의 인상과 그 아저씨의 분위기가 너무나 대조적이라 놀라지 않을 수 없었습니다.

이 집만 그런 게 아니었죠. 가령 과일가게에 가면 아저씨가 없을 경우 처음부터 '그 사람'이 나옵니다. 아예 인사 같은 건 하지 않고 눈과 턱으로 "뭐?"라고 묻죠. 세탁소에 가면 그곳은 보통 여자가 손님 앞에 나와서 일감을 받고 있지만, 집안일과 가게 일을 병행하고 있어서 손님이 왔을 때 '일상용 얼굴'과 '접대용 얼굴'의 전환이 원활하지 않은지 무서운 얼굴로 나오기도 합니다. 그러다

계산대를 두드려 금액이 나올 무렵에야 겨우 손님을 상대하는 얼굴이 되어 "감사합니다"라고 말합니다. 그리곤 다시 손님이 돌아갈까 말까 하는 사이에 허둥지둥 뒤로 돌아갑니다.

그럴 때마다 저는 늘 안타까운 생각이 들어 한숨을 쉬고 맙니다. 국제화가 되긴 뭘 됐냐는 말이죠. 시타마치가 국제화됐느니 어쩌니 하는 건 남자들의 표면적인 얼굴뿐입니다. 물건을 사고파는 바깥에 있는 남자들, 이른바 주인[8]이라고 불리는 사람들만 국제화 된 것이지 그 주인을 뒤에서 떠받치고 있는 주부라고 불리는 사람들은 국제화하곤 거리가 멀었던 것입니다. 여전히 무급 가사노동을 하고 있고, 안에서의 얼굴과 밖에서의 얼굴을 구분해서 쓸 필요조차 느끼지 못할 정도로 사회와 인연이 끊어져 있습니다. 그리고 표정 없는 얼굴을 하고 있죠. 제아무리 아저씨가 국제화돼 있고 아주머니도 행복한 얼굴을 하고 있더라도, 남자와 여자 두 사람의 관계는 전혀 국제적이지 못합니다. 아니 그 정도가 아니라 이 "어이!"와 "어?"를 주고받는 이 관계는 어쩌면 '도시 속의 깡시골'에 비유할 수 있습니다. 물론 여기서 제가 말하는 '시골'이란 지방에 있는 바로 그 시골을 가리키는 것이 아닙니다. 전 시골을 아주 좋아해서 거기서 살고 있습니다. 단지 세상의 변화에 발맞추지

8 요즘 일본 젊은이들은 거의 안 쓰기는 하지만 남편과 아내를 제3자에게 호칭할 때 쓰는 표현 중에 主人, 家内는 남녀차별적인 표현법이라고 할 수 있다. 일반적으로는 夫,妻를 쓴다.

못하는 사람들에 대한 비유일 뿐입니다.

국제화된다는 것은 개인과 자기 생각을 소중히 여기고 이질적인 것을 이해와 관용의 자세로 때로는 팽팽히 맞서면서도 공존할 수 있는 것이라고 생각하는데, 이른바 남편이라고 불리는 사람들의 국제화라는 것은 전부 "어?"라며 뒤에서 불쑥 튀어나오는 주부들에 의해 지탱되고 있었습니다. 갈색이나 연지색, 회색의 시큰둥한 얼굴들이 뒷받침하고 있다는 것입니다. 민주주의 국가라고 불리던 고대 그리스의 시민민주주의도 실제로는 노예들에 의해 유지되었던 것처럼, 근대적이고 국제화된 신사들의 모습도 실은 미지급 노동에 세월을 보내는 주부들이 받쳐줄 때 비로소 가능했던 것입니다.

남자와 여자, '도시 속의 깡시골'

이렇게 생각해보면 지금까지 도시에 대해 거론해 온 것들은 '가짜'였구나 하는 생각이 듭니다. 도시란 과거도 잊고 신분도 없애 평등한 곳이라든가 자유가 넘치는 장소, 상하관계가 없는 곳이라는 식으로 이야기해 왔지만, 그건 적어도 남자 중심의 관점이고 남자들 사이에서나 통용되는 이야기일 뿐입니다. 여자에 대해, 그리고 여자와 남자의 관계에 그대로 적용할 수 있는 이야기는 아니라는 것입니다. 하물며 우리 여자들도 그런 의견에 찬성할 때는 남자의 시선으로만 생각하는 경향이 있습니다.

얼마 전 '도시와 여성'이라는 주제로 강연을 부탁받았습니다. 저는 도시가 시골보다 여자에게 더 해방감을 준다고 말했습니다. 시골은 도시보다 더 봉건적이고 호주제[9]의 흔적이 남아 있어 개인의 자유가 속박되는 경우가 많았습니다. 물론 여성은 제일 먼저 그 희생자가 되곤 했습니다. 그래서 여성은 도시에 있는 편이 스스로 돈도 벌 수 있고 보다 해방되고 자유로워질 수 있다고 여겼습니다. 도시는 여성의 자립을 가능하게 한다고 생각했던 것입니다.

그러나 모처럼 도시에 온 여자도 '도시의 깡시골'로 끌려들어갈 가능성이 있습니다. 일하는 것을 그만두고 남편의 벌이로 생활하면서 육아와 가사노동에 매몰될 때입니다. 그렇게 과거와 마찬가지의 현모양처가 되었을 때, 그 남편과의 관계에서 여자는 '깡시골'이 돼버립니다. 남자라는 도시를 등 뒤에서 떠받쳐나가는, 혹은 남자의 국제화를 뒷받침해주는, 그러면서 정작 본인은 자기를 잃어버려 '도깨비', '허깨비'가 되고, 그 '허깨비'가 남자와 만들어내는 관계가 '도시 속 깡시골'입니다.

---

9 家制度(いえせいど). 1898년 (메이지 31년)에 제정된 메이지 헌법 아래의 민법에서 규정된 일본의 가족제도이며, 친족 관계를 가지는 사람 중에서 더 좁은 범위의 사람을 호주와 가족으로 하나의 집에 속하게 하고, 호주에 집 통솔 권한을 부여했던 제도이다. 이 규정이 효력을 가졌던 것은 1898년 7월 16일부터 1947년 5월 2일까지 48년 9개월 반 정도의 기간이었다.

이러한 '깡시골'을 유지하는 남자 역시 진정한 '도시'는 아닐 겁니다. 도시의 얼굴로 진화했으나 시골이라는 '꼬리뼈'가 남아 있는 남자이죠. 상대적으로 아무리 바뀌더라도 이 '도깨비'를 집에 두고 사는 남자는 국제인이라고 부를 수 없고 하물며 이 '도깨비'가 되고자 하는 여자도 아무리 발버둥질 쳐봤자 '도시'가 될 수 있을 리 만무합니다.

그렇다면 이 남자와 여자의 '도시 속 깡시골'의 관계는 우연히 제 집 주변에만 있었던 이야기일까요? 물론 그렇지 않습니다. 시골에 가더라도 그곳에서의 남자와 여자의 관계 역시 '시골 속 깡시골'의 관계가 됩니다. 런던에서도 마찬가지로 남자와 여자의 관계는 '도시 속의 깡시골'입니다. 전 세계의 남자와 여자의 관계가 '도시 속의 깡시골'이기 때문에 그 격차를 없애려고 유엔과 NGO가 나서서 '국제여성의 해(1975년)'를 제정하고 '세계여성회의'(제1회 멕시코시티, 같은 해)도 개최하게 된 것입니다.

그렇다면 일본 헌법에서도 남녀는 평등하다고 하는데 왜 남자가 '도시'고 여자가 '깡시골'인 관계구조가 형성되었을까요?

여자는 부양받는 한 남자에게 존경받지 못한다

우리는 흔히 남자와 여자가 평등하다고 이야기합니다. 헌법에서도 그렇게 말하고 있죠. 그리고 곧잘 '좌우'나 '남북'이라고 말하는 것처럼 '남녀'라고 합니다. 이렇게 나열해보면 언뜻 오른쪽도 왼쪽도, 북쪽도 남쪽도, 남자도 여자도 대등한 것처럼 들립니다. 그런데 사실 왼쪽과 오른쪽은 등가가 아니지요. '왼손잡이'라는 말이 있습니다만, 이것은 사회에서는 용인되지 않는 손의 사용법입니다. 어느 사회든 대체로 오른쪽이 '옳다'고 여기고 선호합니다. 영어로 오른쪽을 뜻하는 'right'에는 확실히 '옳다'는 뜻이 있습니다.

'남북'은 어떨까요? 북쪽 나라 사람들은 남쪽 나라를 동경합니다. 그렇다고 남쪽 나라 사람들을 존경하고 대등하게 대해주지는 않습니다. 타히티에 간 화가는 많습니다. 남쪽 나라에 대해 쓴 작가들도, 남쪽 나라를 그린 영화도 많습니다. 하지만 그것은 북쪽 사람들이 제멋대로 로맨틱하게 그려낸 '남南'이라는 이미지를 사랑했던 것에 불과합니다. 찾아가기는 해도, 거기서 살거나 그곳 사람들과 어울리려고 하지 않습니다. 그들은 가난한 남쪽 나라를 마음속 어디선가 경멸하고 있기 때문이죠.

그건 또 남자가 여자를 대하는 태도에서도 마찬가지입니다. 남자는 여자를 로맨틱하게 동경하지요. 미화하지 않으면 연애라는 걸 할 수 없습니다. 남자가 여자를 존경하지 않고 인격을 가진 사람으로 인정하지 않기 때문이지요.

그럼 왜 여자를 존경하지 않을까요? 자립하지 못한 여자는 남자보다 가난하므로 남자에게 의존할 수밖에 없는 상황에 있기 때문입니다. 사회규범도 남자를 중심으로 만들어져 있습니다. 남자가 '오른쪽'이며 '올바르고' 그에 비해 여자는 '왼쪽'이며 뒤떨어진 존재로 간주되고 있습니다.

'오른쪽'인 남자가 밖에 나가 일해 자기 명의의 월급을 받고, '왼쪽'으로 간주되는 여자는 그 남자를 돕는 가사노동과 육아를 무급으로 합니다. '남자가 밖에서, 여자는 안에서'를 역할분담이라고 세상은 말하지만, 이것은 회사 등에서 볼 수 있는 대등한 관계에서의 역할분담과는 근본적으로 다릅니다. 여자는 가정을 지키고 가사노동을 해도 임금이 지급되지 않기 때문에 결국 남자에게 의존하고 종속될 수밖에 없게 되고, 그로 인해 여자의 사회적 지위가 떨어지고 여자와 남자 사이에 신분관계가 생겨납니다. 그 결과 남자는 여자의 가사노동과 육아에 감사는 하지만 정작 그런 여자를 존경하지는 않습니다. 여자가 육아와 가사노동으로 일관하면 할수록 여자 전체가 여성 멸시의 대상이 된다는 것입니다.

얼마 전에 아이다 유지会田雄次의 《아론 수용소》라는 책을 읽었습니다. 제2차 세계대전 후 아론 수용소에 포로로 잡혀간 일본인 병사들이 가장 굴욕스럽게 느꼈던 작업은 청소나 세탁을 해야 하는 일이었습니다. 굴욕이라고 느낀 나머지 심지어 배를 가르고 싶다는 생각마저 했다는군요.

어느 날 어느 영국인 여성 장교가 일본인 포로인 N 병장에게 자신의 속옷을 내밀며 빨래를 시켰습니다. N 병장은 어떻게 했을까요? "했겠냐? 젓가락으로 집어서 물에 담갔다가 그대로 말려놨어. 그 바보가 나중에 담배까지 주더라."

적어도 당시의 남자들은 빨래나 청소에 대해서 그 정도로 굴욕을 느끼고 있었다는 것을 알 수 있습니다. 그런 일들은 자신들보다 신분이 낮은 여자나 하는 일로 생각하고 있었기 때문입니다.

남자들이 굴욕스럽게 느끼는 청소, 빨래, 밥 짓기는 여자들이 전담케 합니다. 그러니 그런 일을 하는 여자들을 동등하게 대우할 수가 없을 겁니다. 자기가 가장 싫어하고 경멸하는 일을 잠자코 하는 여자들을 남자들이 무시하지 않을 턱이 없죠. 여자들은 삼시 세끼, 날이면 날마다 그야말로 여자라는 이유로 가정에서 그 일들을 해오고 있으니, 어찌 보면 남자들이 경험했던 수용소의 굴욕감을 감당하고 있는 것과 마찬가지일 겁니다.

아론 수용소 안의 남자들은 시간이 지나면서 점점 자신의 얼굴을 잃어갑니다. 포로의 얼굴이 되어가죠. 일본 주부들 좀 보세요. 아무리 좋은 옷을 입고 있어도 다들 똑같은 얼굴을 하고 있잖아요? 그것은 자신의 개성대로 살 수 없는 상황에 놓여 있기 때문입니다.

흑인은 목화를 따기 위해, 여자는 아이를 낳기 위해

현재 여성이 처해 있는 차별을 제대로 이해하기 위해서, 여자와 남자의 만남의 시초를 이런 식으로 생각해봅시다. 마치 흑인이 아메리카에 끌려와 노예가 되었던 것처럼, 여자도 여자 나라에서 남자 나라로 끌려와 남자의 노예가 된 것이라고 말이죠. 흑인이 노예가 된 것은 목화채집 때문이지만, 여자가 남자의 노예가 된 것은 아이를 낳을 수 있었기 때문입니다.

어쩌면 옛날에는 남자는 남자끼리, 여자는 여자끼리 따로 살고 있었을지도 모릅니다. (그리스 신화 속 아마조네스는 여자들만의 나라를 만들었다고 합니다. 이 아마존 전설은 인도 등 다른 나라에서도 발견되고 있습니다. 실제로 지금도 중국에는 여자만 사는 부족이 있고 아프리카에는 남자들끼리만 생활하는 사람들이 있습니다). 그곳에서는 남자는 남자끼리, 여자는 여자끼리 서로 사랑하지 않았을까요? 요즘 말로 레즈비언이나 게이처럼 말입니다.

남자들은 아이를 원하면 여자 부족이 있는 곳으로 밤에 몰래 숨어들어 갑니다. 나중에 태어난 아이가 여자라면 여자 부족에게 남기고 남자라면 받아갑니다. 그렇게 남자와 여자는 유유히 따로 살았다고 합시다.

여자 나라의 여자들은 생명을 낳기 때문에 그 생명을 소중히 여기고, 아마 생활도 농경 중심에 살생도 별로 하지 않고 살았을 겁니다. 남자 나라에 비해 부자는 아니지만 평등하고 폭력도 없이 느슨한 사이클로 느긋하게 생활하지 않았을까 싶습니다.

그렇다면 왜 따로 살던 여족과 남족이 함께 살게 됐을까요? 그것은 남자들이 아이를 많이 필요로 하기 시작했기 때문입니다.

남자들이 만든 부권제 사회는 연공서열과 위계제도, 효율을

중시합니다. 그런 사회는 사랑보다는 폭력과 위협을 핵심으로 합니다. 남족은 출산을 하지 않기 때문에 여족보다 활동이 자유롭고 벌이도 많아서 재산을 축적할 수 있습니다. 점점 재산이 모일수록 더 갖고 싶어집니다. 그러기 위해선 논밭을 일구거나 사냥을 나갈 수 있는 사람을 더 많이 필요하게 됩니다. 그 이상의 노동력이 필요해지는 거죠. 그러면 또 더 많은 풍요로운 땅을 원하게 되고 급기야 '땅따먹기' 전쟁이 벌어지며 싸움에 나갈 수 있는 많은 병사를 필요로 합니다. 이렇게 모은 토지나 재산, 그리고 자기 이름을 후세에 영원히 남기고 싶은 나머지 혈통에 연연하게 되고 핏줄이 확실한 상속자 아들을 갖고 싶어 합니다.

노동자와 병사와 자손을 많이 늘리기 위해서 효율적으로 아이를 손에 넣을 필요가 생겨나자 지금까지 해온 '밤 침입'으로는 부족하게 됩니다. 여자를 가까이 두는 편이 아무래도 편리하다는 걸 알게 되는 거죠. 이제 여자 약탈이 시작됩니다. 지금으로 치면 납치입니다.

그리고 "다산하고 번성하여 땅에 충만하라"[10]는 사상이 설파되면서 기독교를 비롯한 종교에서부터 정치 · 문화와 온갖 것들이 이성애만을 옳다고 주장하기 시작합니다. 아이를 낳지 않는 사랑, 여자끼리 남자끼리의 사랑은 불모라 하여 문화의 주변부로 쫓

10 창세기 1:28

겨납니다. 그와 동시에 아이를 낳는 도구로서 여자를 가두기 시작합니다.

그 후 문명이 발전함에 따라 실로 복잡한 혼인 의식이나 형태가 완성되기는 했지만 적어도 여자와 남자의 첫 만남은 이런 식의 약탈로부터 시작되었다고 저는 상정해봅니다. 그렇게 생각하면 현재 여성이 놓여 있는 상황이 여러 가지로 설명하기 쉬워지기 때문입니다.

그건 그렇고 이건 여담입니다만, 남자가 여자를 약탈하러 갈 때 어떤 여자가 잡혀가기 쉬울까요? 역시 자기들보다 몸집이 작고 체중이 적은, 가냘픈 여자가 가볍고 채가기 쉽죠. 허리 80센티미터의 여자보다 58센티미터가 안기도 쉽고 잡아가기 쉬웠을 겁니다. 머리카락도 짧은 것보다 최대한 긴 편이 좋습니다. 왜냐하면 긴 쪽이 도망쳐도 사로잡기 쉽고, 상대가 얌전해질 때까지 머리채를 잡아 질질 끌고 다니며 벌을 줄 수도 있기 때문입니다. 지금도 작고 호리호리한 긴 생머리의 여자를 보면 남자들 가슴 언저리가 '심쿵'해지는 것도 이런 먼 옛날의 형언할 수 없는 약탈의 쾌감이 유전자 속에 기억으로 담겨져 있는 탓일지도 모르겠네요.

갤리선의 밑바닥에서 노를 젓는 노예

그렇다면 아이를 낳을 수 있다는 이유로 약탈당하고 납치당해 남자의 나라로 끌려온 여자들은 거기서 어떤 취급을 받게 될까요?

저는 여자와 남자의 관계를 '갤리선'에 빗대어 생각해보았습니다. '갤리선'은 그리스 시대에 시작되어 근세에 이르기까지 유럽의 바다를 누빈 노예선입니다. (갤리선의 'galley'라는 말은 지금도 사용되고 있습니다. 예를 들어 책을 만들 때 시안이 되는 교정쇄를 영어로는 갤리 프루프galley proof라고 하며 항공기 안의 조리실도 갤리라고 불립니다.)

이 갤리선의 갑판 위에는 왕후귀족이나 시민들이 있고 배 밑바닥에는 노예들이 배를 젓고 있었으므로 갤리선을 '노예선'이라고 불렀습니다. 배 밑바닥에는 가운데 통로가 있고, 그 양쪽에 벤치가 있어 노예가 3명 정도씩 나란히 걸터앉습니다. 다리가 쇠사슬에 묶인 노예들이 3인 1조로 한 개의 노를 잡습니다. 이 노예선에는 '리듬 키퍼'라 불리는 노예 두목이 있습니다. 그는 배가 똑바로 가도록 선창하는 사람입니다. 이 리듬 키퍼가 치는 북소리에 맞춰 모두가 어기여차, 어기여차 하고 배를 젓습니다. '갤리선'을 젓는 노예 중에는 날 때부터 노예인 사람도 있었고 전쟁에 져서 포로가 된 노예도 있었습니다. 심지어 한때 갑판 위에서 왕후귀족으로 행세한 사람도 있습니다.

옛날에 〈벤허〉라는 영화를 본 적이 있습니다. 영화에서는 갤리선끼리 싸우는데 싸움은 갑판 위의 남자들이 합니다. 싸움에 지고 살아남은 남자들은 비록 왕후귀족일지라도 목숨의 대가로 노예가 되어 갤리선의 배 밑바닥으로 쫓겨납니다. 과거 신분을 생각하면 쇠사슬에 묶여 배를 저어야 하는 굴욕감은 엄청납니다. 이들은 배를 저으면서 '두고 보자. 이 배를 빼앗아 고향에 개선장군이 되어 돌아가고 말 테니까'라며 이를 악물고 굴욕과 중노동을 참습니다. 지혜를 짜내고 온몸의 신경을 집중시켜 갑판 위의 상황을 살피고 복수의 기회를 노립니다. 그러다가 어느 날 갑판 위의 정복자가 마시랴 노래하랴 시끌벅적한 사이에 죄수들끼리 일치단결하여 갑판 위의 왕후귀족과 병사들을 덮칩니다. 배를 빼앗고 경사스럽게 고향으로 개선하는 전개를 맞이합니다.

이렇게 영화 등에서 본 '갤리선' 싸움은 남자들끼리의 싸움인데, 저는 이 관계를 남자와 여자의 관계에 적용해 봅니다. 여인국의 여자들은 남자들과의 싸움에서 패해 '갤리선'의 배 밑바닥에 갇혀 쇠사슬에 묶인 채 배를 젓는 노예가 된 것입니다. 그렇다면 이렇게 '갤리선'의 배 밑바닥에 갇힌 여자들은 남자 노예들이 자유를 위해 단결해서 싸운 것처럼 여자들끼리 단결해서 갑판 위의 남자들과 싸울 수 있었을까요?

정복당한 초기에는 여인국 여성들이 납치된 동료를 탈환하러 갔을 것이고 납치된 여자들도 모두 단결해서 갑판 위의 남자들에게 싸움을 걸었을 것입니다. 처음에는 체력, 지력, 무술, 기개 면에서 여자들이 싸움을 걸기에 충분했을 것입니다.

그런데 여자들은 아이를 낳는 도구로 갤리선 바닥에 갇힌 셈이니 자신들의 의지와는 무관하게 억지로 임신을 하게 되고, 몸이 무거워지면 아무리 다부진 몸과 무술이 있어도 임신 전처럼은 싸울 수 없게 됩니다. 싸운다고 해도 패하여 죽임을 당하거나 반역자가 되어 이전보다 더 가혹한 취급을 받게 됩니다.

이렇게 해마다 강제로 임신을 하고 잇달아 아이를 낳다 보니 여자들의 체력은 쇠약해지고 치아도 뼈도 너덜너덜해져서 도망치는 것조차 어려워집니다.

그래도 자유를 찾아 포기하지 않는 여자들이 있었습니다. 어머니가 포기해도 그 딸들은 자유로운 세상을 동경했습니다. 일찍이 여자들의 나라에서 명예롭고 넉넉하게 살아온 어머니들의 전통을 이어받은 딸들은 굴욕적인 노예 상황에 안주하고 있는 어머니의 모습을 보다 못해 몇 번이나 도망을 계획합니다.

남자들은 어떻게 해서든 여자들이 도망가지 못하게 여러 가지로 궁리를 합니다. 먼저 걷지 못하게 여자의 발을 묶을 방도를 고안해내죠. 안데르센의 〈빨간구두〉처럼 여자의 발을 잘라버리면 가장 좋겠지만 그러면 오히려 귀찮아집니다. 그래서 도망갈 수 없을 정도로 작게 만든 것이 중국의 전족입니다.

거기다 복장으로 여자의 몸을 구속합니다. 기모노나 치마가 그에 해당합니다. 동시에 윤리 도덕으로 여자의 몸과 마음을 구속합니다. '처녀숭배'나 '정조' 관념도 거기서 생겨났습니다. 그런 다음 결혼제도로 여자를 구속하고 결혼제도에 기꺼이 둘러싸이고 싶어하는 멘탈리티를 가진 여자들을 만들어냅니다. '여자다움'이라는 사회규범이 바로 그것입니다. 이렇게 해서 여자는 남자의 노예가 되도록 육체적 · 정신적 · 사회적으로 온갖 속박을 받고 꼼짝달싹 못하는 신세가 됩니다.

여성을 분할하여 통치하라

결혼제도는 애초에 남자들이 여자들 사이를 갈라놓기 위해 고안해 낸 것입니다. 여자들끼리만 있게 두면 무슨 일이 일어날지 모릅니다. 단결해서 도망을 꾀할지도 모르니까요. 그래서 여자의 몸을 구속하는 것만으로는 아직 안심할 수 없었던 남자들은 식민지 지배의 철칙 중 하나인 '분할하여 통치하라'는 기법대로 주인 한 명에 노예 한 명, 남자 한 명에 여자 한 명을 할당했던 것입니다. 이것이 결혼제도라는 미명하에 숨겨져 있는, 그 기저에 깔린 사고방식입니다. 여자가 결혼해서 상대를 '주인'이라고 부르는 한 자신은 남자의 부하 이며 노예인 것입니다. 이 '노예선'을 젓는 여자들을 저는 '주부 노예'라고 부릅니다.

저처럼 결혼을 거부한 여자는 '도망 노예'입니다. 반면 갑판 위에서 하이레그[11]를 입거나 큰 가슴을 강조하거나 반나체의 성적 매력으로 남자를 지배하고 있는 것처럼 보이는 여자는 '쾌락 노예'입니다. 남성 사회의 입장에서 보자면 어떤 여자든 노예임에는

11 여성의 수영복이나 레오타드 등에서 허벅지 부분을 V자 꼴로 깊이 판 스타일의 옷.

변함이 없습니다. 젊은 여자는 젊다는 이유만으로 추켜올려지기 때문에 결혼할 때까지 자신들이 노예라는 것을 눈치채지 못합니다. 눈치챈다 한들 결혼하지 않으면 여자가 먹고 살 길이 막막한 사회에서 어쩔 도리가 없었습니다.

분명히 말하건대 제도로서의 결혼은 법적인 면에서도 그렇고 여러 가지로 남자보다 여자에게 불리하게 되어 있습니다. 결혼제도라는 것은 남자가 여자 노예를, 혹은 부하를 평생 한 명씩 둘 수 있는 시스템이기 때문에 저는 차별의 제도화라고 말합니다. 여자는 결혼하면 자기 성을 버리고 타인 명의가 됩니다. 자신이 낳은 아이에게도 자기 성이 아니라 남편의 성이 붙습니다. 아침, 점심, 저녁으로 청소하고 관리하는 집도 남편 명의의 집입니다. 일본에서는 아직 부부가 각자의 성을 사용하는 부부별성[12]을 인정하고 있지 않습니다.

결혼하면 여자는 자기 집도 없고 자기 성도 없고 자기 자식도 없는 셈입니다. 여자에게 이렇게 불리한 제도가 있을까요? 여자는 노예와 마찬가지로 '주인에게 유용하게 쓰일 수 있는 도구'이며

12 서양 대부분의 나라들이 결혼하면 남편의 성을 따르는 부부동성의 관습이 있다. 일본은 메이지 유신 이후 서양을 흉내내는 것으로 모자라 아예 법으로 규정하고 있고, 지금은 아니지만 중국도 남편 성을 앞에 추가했던 관습이 있었다. 역사적으로 한 번도 부부동성을 시도한 적이 없는 한국은 특이한 케이스로 종종 언급되지만 그것이 곧 남녀평등을 의미하지는 않는다.

생살여탈권 역시 주인이 쥐고 있습니다.

만약 남녀가 대등하고 법적으로도 평등하다면 이러한 결혼제도는 민주적이지 않으며 헌법위반이기까지 하다고 생각합니다. 결혼제도 속으로 들어간 여자는 남성사회를 돕고 있기에 법의 보호를 받지만, 그것은 어디까지나 남성에게 유리한 제도의 범위 내에서 지켜지고 있을 뿐이며 인간으로서의 자유를 내려놓는 대가인 것입니다.

일반적으로 결혼제도가 있는 사회에서 여성은 자신의 섹슈얼리티를 자유롭게 누리며 살아갈 수 없습니다. 지금까지 부권제 사회에서는 개인보다도 가문을, 부부보다는 가정을, 여자보다 남자를, 어머니보다 아버지를 더 중요시 여겨왔습니다. 호주제를 유지하고자 남편의 혈통이 끊어지지 않게 하는 시스템이 만들어졌습니다. 부계제입니다. 그것을 위해서 남자는 여자 배 속의 아이가 자기 자식임을 알 필요가 있습니다. 그래서 한 여자를 소유하고 독점할 필요가 생겼죠. 여자 입장에서 보면 아버지가 누구든 배 속의 아이는 자기 자식임에 틀림없지만 아이를 잉태하지 않는 남자는 그렇지가 않지요. 그 아이가 정말 자기 아이인지 알기 위해서는 여성의 성행위 상대를 한정할 필요가 있었습니다. 또한 여성이 성적 쾌락을 알면 좋아하는 상대를 찾을 자유를 원할 것이기 때문에 여성으로부터 성적 자유를 박탈할 필요가 있었습니다.

여성이 성적 쾌락을 알지 못하게 하기 위해 옛날부터 세계 여러 나라에서 여자아이의 클리토리스를 절제하는 시술이 행해져 왔습니다. 클리토리스는 남성의 페니스에 해당하는 부분으로 가장 민감한 곳입니다.

이 시술은 일반적으로 FGM Female Genital Mutilation, 여성생식기절제술, 여성할례 이라고 불리며 현재도 아프리카 여러 나라에서 이루어지고 있습니다. 나왈 알-사으다위[13]라는 여성 정신과 의사가 쓴《제로 점에 선 여인-사형수 피르다우스》에 따르면, 이집트에서는 여성의 절반 이상이 여섯 살 때 클리토리스 절제 수술을 받습니다. 다른 나라에서는 유리 조각을 사용하기 때문에 과다출혈이나 감염증 등으로 죽는 여성도 있다고 합니다. 또한 멘스 출혈에 필요한 곳만 열어두고 버자이너 vagina 를 꿰매는 나라도 있습니다. 아이가 태어날 때마다 꿰매고 풀기를 반복하는 것이죠. 충분한 의료 시설도 없는 곳에서 행해지기 때문에 고통이나 질병, 감염에 의한 여성의 괴로움이 어떨지 상상할 수 있으리라 생각합니다.

아프리카나 중동이 야만적이라고 놀라는 사람이 있을지도 모르겠습니다. 그러나 일본도 여성에게 처녀 신앙이나 정숙의 미덕

13 Nawal El Saadawi(1931~2021). 이집트의 정신과 의사, 페미니스트, 소설가. '아랍 세계의 시몬 드 보부아르'로 불린다. 1981년 여성 할례를 비판하여 투옥되었다. 마흔한 살에《여성과 성》을 발표하고 남편을 살해한 혐의로 유죄 판결을 받은 사형수에 관한 소설《제로 점에 선 여인》을 집필하였다.《이브의 숨겨진 얼굴》에서는 아동 학대, 매춘, 성관계, 결혼과 이혼, 이슬람 근본주의와 같은 아랍 여성과 관련된 주제를 다루었다.

을 강요해 왔습니다. 아프리카의 경우는 육체에 직접 상처를 내기 때문에 그 잔혹함이 두드러지지만, '처녀로 있어라' '정숙해라'라는 도덕을 만들면 버자이너를 꿰맸다가 풀었다가 하지 않아도 더 교묘하게 여성의 몸을 지배할 수 있습니다. 그래서 이 남성사회에서 혼전 여성은 처녀일 것을 요구받고 기혼 여성은 정조를 요구받으며 '정조는 여자의 생명'이라고까지 노래한 결과, 결혼 전에 얼떨결에 성관계를 경험한 여성이나 결혼 후 남편 이외의 남성과 성관계를 가진 여성은 세간의 비난을 받고 자살까지 할 정도였습니다. 그러니까 일본도 여성의 몸을 물건 취급한다는 야만성에 있어서는 FGM을 행하는 나라들과 하등의 차이가 없습니다.

사랑이라는 이름의 착취 시스템

결혼이 제도로서 있는 한 '사랑'은 오히려 이 제도를 온존시키는 데 도움을 줄 뿐입니다. 여자들은 이 부분을 눈여겨볼 필요가 있습니다. 제 생각에는 연애결혼이 생겨서 오히려 더 어려워진 부분도 있는 것 같습니다. 제 할머니 시절에는 얼굴도 전혀 모르던 사람과 결혼하는 일이 흔했습니다. 그렇기에 노예가 되어 의무를 다하기는 마찬가지지만, 영혼까지 팔지는 않았던 것이죠.

그런데 연애해서 결혼하면 여자는 사랑이라는 이름 아래 그저 다 바칠 따름이니 남성사회에 이만한 이득이 또 없습니다. "그래도 여자라면 연애결혼이 훨씬 기쁜 일이죠. 적어도 마음에 드는 상대를 고를 수 있으니까요. 똑같이 노예가 되고 똑같이 헌신하는 것이라면 좋아하는 사람을 위해 하고 싶어요….” 그렇다면 연애결혼을 통해 결혼이 즐거워진 대신에 더 착취당하기 쉬워졌다는 생각도 가능합니다. 옛날엔 연애결혼이라고 하면 집안이나 부모를 거스르고 좋아하는 상대를 선택한다는 측면에서 꽤 반사회적인 뉘앙스가 강했고, 그 때문에 소설로 쓰이거나 노래로 불리기도 했습니다. 자신의 섹슈얼리티를 스스로 선택해 살아가기 위해 부모나 가족, 사회에 반기를 들었고, 그래서 그 자유와 용기가 찬양받기도 했지만, 그 결과는 결혼이라는 제도에 들어가는 것, 즉 ‘불 속으로 뛰어드는 여름벌레’가 되는 일입니다. 제도의 온존을 위해서는 오히려 안성맞춤이었던 셈이죠.

똑같은 노예 일을 하루 종일 하더라도 최소한 좋아하는 사람을 위해서 하는 것이라면 즐거울지도 모르겠네요. 게다가 한마디라도 “와, 당신이 만든 요리 정말 맛있네!”라는 말을 들으면 그야말로 기꺼이 매일 정성을 다하겠죠. 똑같은 노예라도 마음 편하고 즐거운 노예로 있는 편이 좋을지 모르겠습니다. 남자도 죄의식을 품지 않아도 되고 말이죠. 이러니 여자가 갤리선의 배 밑바닥에 있는 조건에서는, 사실은 연애결혼만큼 남자에게 이득인 것은 없다는 겁니다.

물론 왕후귀족과 노예 사이에도 애정은 있고 인간과 개와 사이에도 사랑은 생겨납니다. 사랑은 어디에나 어떤 상황에서도 생겨납니다. 그것이 인간의 훌륭한 점입니다. 거꾸로 말하면, 사랑이 있고 없고 만으로 생각하면 대상의 실체가 잘 안 보이게 된다는 것입니다. 남자와 여자의 관계가 민주적이지 못한 신분 관계로 유지된다면, 사랑은 지배의 다른 이름이고 남자의 어리광도 역시 지배의 다른 이름이 됩니다. 남성문화가 남자에게는 일을, 여자에게는 사랑을 할당한 것은 결국 이 결혼이라는 착취 시스템을 존속시키기 위해서입니다. 게다가 남성사회에 과잉 적응한 여자들마저 같은 여자들에게 사랑만이 유일한 여자의 삶이라고 부추깁니다. 지금까지야 그것밖에 살길이 없었으니 어쩔 수 없었겠지만, 이제 슬슬 눈을 뜨는 게 좋을 때가 왔습니다.

결혼, 여성의 가사노동을 무상화

옛날이야기나 설화를 읽어보면 잘 아시겠지만, 예로부터 여성은 '걸어 다니는 자산'이었습니다. 여자가 아이를 낳아 주는 덕분에 노동력을 재생산하고 병사가 만들어질 수 있었으며 대를 이을 수 있었습니다. 뿐만 아니라 여자는 쾌락의 도구이기도 하면서 심지어 매우 열심히 일하기까지 했습니다. 육아 외에 집안일이라 칭하는 청소, 취사, 세탁, 간호, 노인 돌봄, 살림살이 꾸려나가기부터 밭일, 바느질, 이웃과의 왕래에 이르기까지 온갖 중요한 일을 '무료'로 해왔습니다.

여성의 가사노동비는 국가에서도 통계를 내놓고 있습니다.

1997년 당시 경제기획청이 내놓은 가사노동비의 추정치는 연평균 276만 엔(월 23만 엔)입니다. 또한 개호[14]노동의 값어치는 월 21만 엔입니다(1996년 경제기획청의 의뢰로 야시로 나오히로八代尚宏 조치대 교수가 정리했다). 남성사회는 여자에게 그 대가를 지불하는 시스템을 만들지 않습니다. 대신 '여자는 남자에게 헌신하는 자'라는 사회규범을 만들어 여성의 자기희생을 바람직한 것으로 여기는 교육을 해왔습니다. 그 결과 1980년에 나온 국제연합 통계에서는 여자가 전 세계 노동의 3분의 2를 담당하고 있고, 그에 반해 지불되고 있는 임금은 단 10%, 그리고 여자의 재산은 겨우 1%라는 것입니다. 여자는 몹시 가난합니다. 이 숫자는 여자가 가족을 위해 자기를 희생하고 헌신하는 존재라고 가르침 받은 결과치입니다.

이런 이야기를 하면 남자들은 "누가 먹여 살리고 있는데!"라며 화내거나 고함을 지릅니다. 하지만 여자가 집안에서 하고 있는, 눈에 잘 띄지 않는 자질구레한 노동은 보통 남자의 월급으로는 다 지불할 수 없는 액수라는 것이죠. 확실히 현금 수입은 남편 덕분일지도 모르지만, 남편이 일할 수 있도록 뒤에서 남편을 지탱하고 있는 것은 여자의 '무상노동'입니다. 같은 시간을 노동해도 여자의 노동은 자비부담 노동일 뿐입니다. 그깟 가사노동이라구요? 그

14 병수발, 돌봄, 간병, 요양보호의 의미를 포함한 단어.

래도 가사노동입니다. 다음 이야기는 미국의 페미니스트 글로리아 스타이넘[15]이 생각한 바입니다.

A가족과 B가족이 있고, A씨와 A씨 부인, B씨와 B씨 부인이 있습니다. 양가 모두 남편은 월급쟁이이고 아내는 전업주부입니다. 어느 날 A씨가 B씨 부인이 가정부로 와줬으면 좋겠다고 B씨에게 말했습니다. 가정부 일을 부탁하려면 시간당 얼마의 돈을 지불해야 하지요. 그 다음 B씨가 자신의 아내가 병이 났으므로 A씨에게 아내 손을 빌릴 수 있게 해달라고 해서 서로 각자의 아내를 가정부로 고용합니다. 그래서 A씨는 B씨 부인에게, B씨는 A씨 부인에게 돈을 지불했습니다. 가령 오천 엔이라고 합시다.

자, 이 이야기는 무엇을 의미할까요? 오천 엔씩 그냥 오간 것처럼 보입니다. 오천 빼기 오천은 제로일까요? 아니면 남편이 손해를 본 걸까요? 그렇게 생각하는 사람은 아내가 아니라 남편 쪽에서 사물을 생각하는 버릇이 있는 사람이네요.

A씨 부인, B씨 부인은 자기 남편을 위해 집안일을 해도 오천 엔을 받지 못합니다. 하지만 어쩌다 부탁받아 다른 남자를 위해 집안일을 했더니 오천 엔을 받았습니다. 자기가 일했으니까 그 돈은 남편한테 줄 필요가 없습니다. 얼마 전까지는 여자가 일한 돈

15 Gloria Steinem(1934~). 1968년 《뉴욕 매거진》을 공동으로 창간했으며, 1972년 동료 클레이 팰커와 함께 여성운동 잡지 《미즈》를 창간했다. 언론인으로 시작해 미국 여성운동의 대모로 불리며 현재까지 활발한 활동을 하고 있다.

을 남편이 받아도 됐지만, 지금은 아닙니다.

그러니까 오천 엔에서 오천 엔을 빼서 제로인 것 같지만, 만약 부부를 별도의 인격체로 본다면, 여자는 자기 남편을 위해서 노동을 하면 무급이지만, 같은 노동을 다른 남자를 위해서 하면 제대로 수입이 된다는 것입니다. 이런 논리는 매춘도 마찬가지입니다.

가난한 나라일수록 성별 역할분담이 뚜렷합니다. 남자 역할, 여자 역할을 확실히 하는 편이 경제적으로 효율적입니다. 게다가 여자는 사랑에 사는 자, 헌신하는 자라고 가르쳐 두면 여자는 기꺼이 따르고자 합니다. 육아부터 가사, 노인 돌봄까지 그 모든 것이 공짜로 해결됩니다. 그렇게 여자의 노동력을 착취하면 남자나 가정이나 국가로서는 실로 이득입니다. 남자들이 많은 일을 해서 일본이 이만한 경제대국이 된 것도 결국 한 집안에 한 명, 주부라는 가내노예가 있었기 때문입니다. 그러나 한 인간으로서의 여성의 노동권은 남녀고용기회균등법(1986년 시행)이 생길 때까지 계속 무시당합니다.

이제 겨우 개성에 눈을 뜨기 시작한 여성들이 이런저런 일로 소란을 피우기 시작했기 때문에 남자들도 이 결혼제도의 내용물을 조금씩이지만 개선하려고 합니다. 인간은 누구와 살든지 자기 마음이지만, 여자에게 일할 자리를 주지 않고 집에 가두어 공짜 일을 시키고 있는 한, 결혼은 노예제도이며 갤리선의 비유에서 보았듯이 남자와 여자의 관계는 왕후귀족과 노예의 관계와 다름없습니다.

최근 부부별성 운동도 활발해졌지만, 여자의 행복은 결혼이라는 소리를 지겹도록 듣고 세뇌를 당해서인지 여전히 결혼 후 남편 성으로 바꾸는 것에 만족해하는 여자들이 많은 것 같습니다. 심지어 나이가 들어서 자기 성을 유지한다는 것을 부끄럽다고 말하는 사람도 있을 정도입니다. 생각해보면 이름이 바뀐다는 건 무서운 일입니다. '나'가 다른 '나'가 되는 것이니까요.

제가 알고 있는 어떤 주부는 집을 지을 때 남편과 공동명의로 하려고 했습니다. 지금은 바뀌었을지 모르겠지만 1990년 무렵에는 은행에서 공동명의를 받아주지 않았습니다. 제대로 된 보증서로서 자기 명의의 수입이 없으면 불가하다는 것이었습니다. 그러니까 두 사람 명의로 집을 갖고 싶어도 주부로서 자신의 명의로 된 수입이 없으면 세상이 인간으로 인정해주지 않는 것입니다. 앞에서도 보았듯이 주부의 가사노동은 남편 혼자서는 지불할 수 없을 정도로 많지만, 남성사회는 그것을 '여자의 역할'이라고 구슬려서 제대로 평가하지 않아 왔습니다. 그것이 이런 차별로 나타나는 것입니다.

에도시대부터 전해 내려오는 말인 "여자 인생에 집 없다[16]"까

16 유교문화권의 삼종지도(三從之道)와 같이 여자는 어릴 적에는 부모를 따르고, 시집가서는 남편을 따르고, 늙어서는 자식을 따라야 하므로 이 넓은 세계에 어디에도 안주할 곳이 없다는 뜻.

지는 아니더라도, 여전히 집도 아이도 남편 명의고 자신까지 남편 명의로 되어 있다면, 여자가 '허깨비'가 되지 않는 게 더 이상합니다. 그렇지만 보통 우리는 "그것이 여자가 사는 길이다"라든가, "세상 일반이 그러니까" 등의 말을 하거나 들어왔기에 그것이 손해라는 생각을 하지 않고 살아왔습니다. 손해라고 생각하는 순간 '나는 못된 여자가 아닐까'라는 죄의식에 사로잡힙니다. 그래서 자신이 그런 굴욕적인 상황에 놓여 있음을 잊어버리려고 안전한 길을 택합니다. 인간으로서의 긍지를 버려도 그쪽이 편하다고 생각하는 사람이 대부분입니다. 노예 상황을 감수하면서 할 수 있는 일이라고는 아이 교육에 몰두하거나 불륜에 열중하거나 문화 센터에 다니거나 하는 것 정도입니다. 그렇게 여자는 자신을 속여 여기까지 왔다고 생각합니다. 그런데 이젠 도저히 그런 걸 참을 수 없게 된 여자들이 늘고 시대의 바람도 전 세계적으로 달라지고 있습니다. 그런데 아직 여자들이 결단을 내리지 못하고 있습니다. 좀처럼 자신의 인생을 살지 못하고 있는 것입니다.

남성사회가 인정한 여자의 유일한 권리, 모성

갤리선 이야기를 떠올려 보세요. 배 밑바닥에는 리듬 키퍼라고 불리는 노예 두목이 있었습니다. 배가 똑바로 전진하도록 선창을 하는 사람입니다.

남자와 여자를 가득 실은 갤리선의 리듬 키퍼는 지금껏 입을 모아, "여자는 가정, 여자는 모성"이라며 북을 쳐왔습니다. 이 노예 두목은 현대로 치면 한 집안의 시어머니, 현모양처를 부르짖는 여학교의 교장 선생님, 또는 여자는 가정을 지키는 것이 제일이라고 말해 온 사회 저명인사 등 남성문화의 편에 서서 여자를 더욱더 노예 상황으로 몰아가는 역할을 해 온 사람들에 견줄 만합니다. 제가 보기에 이런 사람들은 '아버지의 딸'[17]이라고 부를 수 있는 사람들이고, 시대나 풍조에 따라 이리저리 주장을 바꿔온 사람들이기도 합니다.

그런데 "여자는 가정, 여자는 모성"이라는 말을 듣고 처음에는 거기에 반항하던 사람일지라도 날이면 날마다 듣다 보면 점점 그 리듬에 익숙해지면서 자신이 자유로운 인간이고 자유의지를 가지고 있는 인간이라는 걸 잊어버리고 맙니다. 그 밖의 세계가 있다고는 생각하지 못하게 됩니다. 만약 갈피를 못 잡거나 제대로 나아가지 못하는 사람이 있다면 노 젓는 동작이 안 맞고 배의 속도가 느리다고 리듬 키퍼로부터 야단맞기 때문에 급기야 노예들끼리 서로 감시하게 되고 "역시 여자의 행복은 결혼해서 아이를

17 일본의 단행본 《현대영국여성작가》에 실린 다지마 요코의 글 〈아버지의 딸과 어머니의 딸〉(1986)은 오이디푸스 여성판으로 언급되는 엘렉트라 콤플렉스를 통해 '어머니의 딸'에서 '아버지의 딸'이 되는 과정을 보여준다. 부권제사회에 수용되기 위해서 아버지의 유리와 우위를 인정하고 '어머니의 욕망' 쪽에 서는 것이 아니라 가부장제하의 '아버지의 정의'의 대행자가 된다.

낳는 거야"라고 서로 충고하게 됩니다.

여자에게 '모성'만 있는 건 아니라고 말하면 주위로부터 뭇매를 맞고 친척으로부터 행짜를 감당해야 합니다. 예전에 아이를 안 낳는 주부는 모두에게 미움받고 친정으로 돌려보내졌습니다. 지금은 조금씩 달라지고 있지만 여전히 애 낳는 것에도 등급이 있어서 딸만 낳으면 하위등급입니다. 여자는 자신도 여자임에도 딸보다 아들을 원합니다. 딸을 낳아도 득이 되지 않는다는 것을 알기 때문입니다. 기껏해야 집안일을 도와줘서 편하다 정도죠. 아들을 낳고 그 아이가 출세하면 그 남자의 어머니로서 장래에는 황태후가 되어 귀하게 대접받을지 모릅니다. 하지만 딸을 낳아봤자 자신과 마찬가지로 갤리선의 배 밑바닥에 갇힐 것이 뻔하기 때문에 별 볼일이 없죠. 그래서 아들을 한 명이라도 더 낳으려고 안간힘을 씁니다.

'모성'은 갑판 위에 있는 남자들이 배 밑의 여자들에게 용인한 유일한 권리이며, 또 남성 사회가 여자에게 부여한 유일한 권력이기도 했습니다. 여자가 다른 권리나 권력을 주장하면 틀림없이 머리를 얻어맞았습니다. 달리 말하면 남자 사회에 끌려온 여자들은 '모성'에 기대어 자기의 존재가치를 주장하는 것 외에는 아무런 존재 이유가 없었습니다. 여자들이 지금까지 '모성'에 매달려온 것도 그 때문입니다. 그래서 특정 의미로 변질된 소위 '모성'이라고 하는 것은 제도화된 여자의 권력이라고 할 수 있습니다. 그 범위 안에서라면 여자는 충분히 힘을 발휘해도 좋다고 남성사회가 보증하고 있는 겁니다. 거기에 여자의 힘이 전부 집중돼 버렸다고도 할 수 있습니다. 그 폐해는 바로 어머니와 저와의 관계에서 본 것과 같은 형태로 나타나게 됩니다.

우리는 분명히 민주주의를 쟁취해 왔습니다. '근대' 역시 마찬가지입니다. 그런 것들은 다 중고등학교 역사 시간에 배웠습니다. 영국과 프랑스에서 시민혁명이 일어났으니 분명 인간은 자유롭고 평등해졌어야 합니다. 그런데 프랑스 혁명 당시의 슬로건 '자유, 평등, 박애'의 그 '박애'가 'brotherhood'(형제애)이듯이 남자끼리의 우애였던 것이지 거기에 여자는 포함되지 않았습니다. 그런 줄도 모르고 여자들은 혁명이 성공하면 자신들도 자유로워질 수 있을 것처럼 열심히 싸웠습니다. 하지만 싸움이 끝나자 여자들은 다시 갑판 밑으로 보내져 버렸지요. 여자는 필요할 때는 언제든지 갑판 위에 올릴 수 있지만, 필요 없게 되면 바로 배 밑바닥으로 쫓겨납니다. 제2차 세계대전 후에도 그랬습니다.

여전히 남자는 '왕후귀족'이고 여자는 '노예'입니다. '시민'과 '노예'의 관계는 분명히 신분관계입니다. 이렇게 보니 신분관계는 봉건제도가 지나고 '근대'가 오면서 끝났을 터인데, 아직 남자와 여자 사이에는 신분관계가 남아 있는 것입니다. 결국 여자에게 '근대'는 없었던 셈입니다. 지금까지 자유와 평등을 위한 싸움은 갑판 위의 남자들끼리의 싸움이었던 것입니다.

일본 우화 〈모모타로 이야기〉에서 모모타로와 꿩의 관계에 비유해보자면, 부하인 꿩이 두목에게 수수경단을 하나가 아니라 두 개 달라고 주장한 것이 근대의 싸움이라고 할 수도 있습니다. 하지만 모모타로와 모모타로 부인의 관계, 꿩과 꿩 부인의 관계는 예나 지금이나 아무것도 변한 게 없습니다.

예를 들어 노동조합 위원장이라는 사람은 사장에게 사원 대표로서 자신들이 일해서 생긴 이익을 공평하게 분배해 달라고 주장하며 싸우는 조직의 리더죠. 그런데 그 위원장의 집에도 제대로 지불하지 않으면서 가사노동을 해주는 주부 노예가 있습니다. 가정을 무시하고 밖에서 맹활약을 하다가 집에 와서 스트레스나 울분을 아내에게 풀면서 "야, 술 가져와"라는 식으로 고래고래 소리를 지르며 유세를 떠는 위원장도 있다고 들었습니다.

그런 남자들은 밖에서는 민주화니 자유평등을 외치고 "만국의 노동자여, 단결하라"라는 말을 해왔습니다. 그렇지만 그것은 다 남성지향 언어들입니다. 그들의 시야에는 여성의 인권이나 노동권 같은 건 들어 있지 않습니다. 집에 돌아오면 바로 자신들이 매도했던 과거의 자본가들이 노동자에게 했던 것과 똑같은 일을 아내에게 하는 것입니다. 무급으로 가사노동, 육아, 잡일을 모두 떠맡기고 아내를 착취해 왔습니다. 밖에서는 인권을 부르짖으면서 가정에서는 아내의 인권은 무시한 채로 있었다는 겁니다. 이런 것들은 남성사회의 문화이고 제도라서 남자들의 눈에는 잘 보이지 않았겠지요.

사실 일본헌법도 남녀가 평등하다고 말하고 있습니다. 하지만 여성만이 가사노동을 떠맡아 주부노예 노릇을 하고 있는 한 아무리 선거권이 있어도 그 실태는 남녀평등과는 거리가 먼 것이죠. 이것을 이중규범Double Standard이라고 합니다. 아무리 헌법으로 남녀평등을 보장해도 문화와 풍습, 윤리도덕이 남녀의 성별 역할분업을 당연시하고 있다면 그것은 그림의 떡일 뿐입니다. 어처구니없게도 일본은 법률상 부부별산제입니다. 남자가 번 것은 남자의 것이고, 그것을 도와준 여자에게는 분배하지 않아도 됩니다.

노예제도는 근대에 와서는 끝났을 터인데 여자와 남자의 관계에 여전히 남아 있고, 여자는 결혼하면 직장을 버리고 주부가 되어 스스로 '사모님'이라는 미명 하에 무급 주부 노예에 매몰되어 갑니다. 그런 현실을 잘 따져봐야 한다고 생각합니다. 남편이 '근대'의 모습을 하고 있으면 아내인 자신도 '근대' 속에 있을 거라고 착각하고 마는 여자들도 있지만, 아내하고 남편은 각각의 인격체이지요. 그 '근대'를 살아가는 남자가 아내라는 노예를 거느리고 있다는 점을 분명히 인식해야 할 것입니다.

3장

마리아도 이브도 아닌,
당신 자신으로 살아라

남자다움 vs. 여자다움

여자들은 누구나 한 번쯤 결혼을 동경해봅니다. "결혼이야말로 여자의 행복"이라고 리듬키퍼가 계속 이야기해 왔기 때문입니다. 결혼하면 여자는 그저 여자라는 이유로 능력이나 성격과는 관계없이 노예선의 배 밑바닥에 들어가는 구조가 된다는 걸 대부분의 사람들은 모릅니다. 알고 있다면 누구라도 갑판 위에서 지내고 싶겠지요. 그런데 어찌된 영문인지 이러한 사실은 전혀 모르고, 깨달았을 때는 이미 노예선의 배 밑바닥에 들어가 있습니다. 남자는 위, 여자는 아래라고 분명히 구분까지 해놓았습니다.

왜 그렇게 되었을까요? 거기에는 어떤 문화적 장치가 있는 것이 분명합니다. 여자들은 내버려 두어도 자연스럽게 배 밑으로 들어가 "여자는 가정, 여자는 모성"을 외치며 노를 젓고, 남자는 자연스럽게 "남자는 여자보다 잘났다"고 믿으며 자신을 주인, 여자를 하인으로 여기게 됩니다. 사람들은 남자가 위에 있고 여자가 남자의 밑으로 오는 것을 '자연'이라고 말합니다. 무엇이 그런 '자연'을 만들어내고 있을까요? 그건 바로 남자아이를 '남자아이답게', 여자아이를 '여자아이답게' 키우기 때문입니다. '남자다움' '여자다움'으로 아이를 키우면 자연스럽게 남자는 갑판 위의 귀족이, 여자는 배 밑바닥의 노예가 될 수밖에 없는 그런 문화적 기획이 있습니다.

이 책 2장에서 살펴본 것처럼 오른쪽과 왼쪽, 북쪽과 남쪽이 등가가 아닌 것처럼 '남자다움'과 '여자다움'도 등가가 아닙니다. 남자는 '남자답게', 여자는 '여자답게' 키워지는 것이 당연하다고 생각해 왔겠지만 사실 여기에는 커다란 함정이 있습니다.

제 강연에 와주신 분들께 '남자다움' '여자다움'으로부터 연상되는 긍정적 이미지와 부정적 이미지의 단어를 들어보시라 하면, 대체로 다음과 같은 것들이 나열됩니다.

남자다움

긍정적 이미지 : 힘센, 씩씩한, 대담, 늠름, 야심, 꿈, 자유, 모험, 판단력, 결단력, 행동력, 실행력, 경제력, 리더십, 시야가 넓다, 책임감, 지식, 상냥함, 로망, 냉정, 이성, 잘 울지 않음, 포용력…

부정적 이미지 : 제멋대로 함, 거드름, 고함지르기, 독불장군(one-man), 폭력, 난폭, 완고, 과묵…

여자다움

긍정적 이미지 : 상냥한, 순종, 애교, 귀여운, 얌전한, 고분고분한, 인내, 고상함, 예쁨, 가냘픈, 아름다운, 세심한, 청결, 조심, 배려, 명랑한, 요염한, 심지가 강한, 부드러운, 요리, 세탁……

부정적 이미지 : 히스테리, 울보, 수다, 감정적, 버릇없음, 천박, 심술궂은, 시야가 좁다, 사회성이 없다…

남자에게 기대되는 '남자다움'의 자질을 보면 자유, 꿈, 결단력, 행동력, 리더십, 책임감, 경제력 등 그야말로 자립한 한 인간이 무언가를 완수하는 데 필요한 것들이 전부 담겨 있습니다. 이것들을 몸에 익힌다면 틀림없이 꿈꾸던 '독립자존의 왕후귀족'에 어울리는 인간이 될 것입니다. 최대한 자유롭고 자기다운 인생을 살 수 있는 자질입니다.

반면에 '여자다움'을 보면 하나의 독립된 인간이 되기 위해 필요한 자질이라기보다는 다른 사람의 마음에 들거나 남을 돌봐주거나, 곧바로 누군가에게 도움이 되거나, 인간관계를 원활하게 하기 위해 필요한, 누군가에게 참으로 편리한 자질이라는 생각이 듭니다. '여자다움' 중에서 '배려' '상냥함' '요리' '세탁' 같은 요소들은 남자든 여자든 한 인간으로서 자립하기 위해서 모두 필요한 요소인데, 그것이 여자에게만 요구된다는 것은 여자가 '남을 위해서, 남자를 위해서, 가족을 위해서 헌신하는 자'라고 단정짓는 것이나 마찬가지입니다.

'남자다움'으로 살아간다는 것은 꿈꾸며 살아간다는 것이고 인격을 가진 하나의 인간이 되는 것인데 반해, '여자답게' 되는 것은 '순종'이나 '조심' 같은 단어들만 봐도 알 수 있듯이 누군가 상대방이 있다는 것을 전제합니다. 한 인간으로서 어떻게 사느냐, 어떻게 성장하느냐가 아니라 상대방을 어떻게 뒷받침해주느냐 하는 것이죠. 평생 남자의 보좌역으로 정해져 버리는 것이기도 합니다.

즉, 여자아이를 '여자답게' 만든다는 것은 결국 여자아이가 본래 가지고 있는 인간으로서의 힘을 짓누르고 무기력한 인간으로 만들어 버리는 것, 억압하고 거세해 버리는 것입니다. 하나의 인간으로 성장하려고 해도 어중간하게 끝나버리고 말고, 그런 연유로 심지어 '반병신'이 돼버리기도 합니다.

미국에서는 한때 여자가 폭력을 행사하면 '여자답지' 않다고, 심지어 질병이라고 해서 정신병원에 집어넣었습니다. 오히려 '여자답게' 되는 것이야말로 몸에 꼭 끼는 옷을 입은 것처럼 인간으로서는 부자연스럽고 병적인 상황에서 살아가는 것일진대 말입니다.

'남자다운' 남자와 '여자다운' 여자가 펼쳐내는 비극

'남자다움'이나 '여자다움'에는 무엇이 긍정적이고 부정적인지에 대해서 미묘한 구석이 있습니다. 예를 들어 남성의 '독불장군'이나 '완고함'을 좋아한다는 여성도 있을 수 있고, 여성의 '울보' 같은 면을 여성스러운 긍정적 이미지로 보는 사람이 있는가 하면, 꼴 보기 싫은 부정적 이미지로 생각하는 사람도 있겠죠. 하지만 이러한 취향의 문제는 차치하고, 일반적으로 '순종'적이고 '고분고분'하고 '조신하고' '얌전하고' '가냘픈' 여자는 어떻게 봐도 '독불장군'에 '결단력' '지도력' '행동력' '경제력' 심지어 '완력'까지 가지고 있는 남자를 당해낼 수가 없습니다. 정신적으로나 육체적으로나 져버리고 맙니다. '여자다운' 여자는 '남자다운' 남자한테 당해낼 재간이 없습니다. "따라와!" 같은 말을 듣지 않아도 따라가 버립니다.

몸도 마음도 남성보다 약해지도록 문화적으로 세뇌된 여성은 남성에게 자기주장을 관철하고 싶으면 어리광을 부리든지, 삐치든지, 울든지, 여하튼 아이들이 그러는 것처럼 상대방의 애정에 호소하려고 합니다. 그게 아니라면 아름다움이나 성적 매력으로 상대를 유혹하든가 말입니다. 하지만 설령 그렇게 해서 상대방이 말을 들어주더라도 그런 여자와 남자의 관계로는 대등하게 만날 수 없습니다. 싸워도 이기지 못하므로 울거나 히스테리를 부려 항의하는 것 말고는 할 수 있는 게 없습니다. 남자의 경제력이나 완력, 대담함 앞에서 대체로 여자는 꼼짝하지 못하도록 가르침을 받았기 때문입니다. '여자답게' 키워진 여자는 '남자답게' 길러진 남자에게 완전히 지배당하고 마는 것입니다.

혹시 '여자다움'의 긍정적 이미지를 익힌 여성과 '남자다움'의 긍정적 이미지를 익힌 남성이 함께 산다면 남자도 여자도 행복할는지 모르겠네요. 힘세고 상냥한 남성 밑에서 여자는 보호받고 있다는 행복을 느낄 겁니다. 남자에게 거역하지 않고, 남자를 칭찬하고, 남자를 치켜세우고, 뭔가 원하는 게 있으면 고양이 목소리로 응석을 부리거나 눈물을 보이는 방법을 알고 있기 때문입니다. 그런 여자들은 '차별'을 주장하는 여자들을 인내심이 부족한 '어리석은 여자'라고 생각할지 모르겠습니다.

그러면 이번에는 '여자다움'의 긍정적 이미지로 살아가는 여성과 '남자다움'의 부정적 이미지로 살아가는 남성이 함께하는 것은 어떨까요? 그것은 비극입니다. 남자는 여자의 헌신을 당연한 것으로 받아들이고 더 바치라 요구하며 여자의 다정함을 게걸스레 받아먹습니다. 마음에 안 들면 때리고 차고, 집에는 돈을 가져다주지 않습니다. '여자다운' 여자는 그런 남편을 볼 때마다 자신의 헌신이 아직 부족하다고 생각하고 열과 성을 다해 《유즈루》[18]

18 《유즈루(夕鶴)》는 '은혜 갚은 두루미'라는 설화를 바탕으로 기노시타 준지가 오페라화한 희곡. 요효라는 남자가 덫에 걸린 두루미를 도와준 후 츠우라는 여성이 아내가 되게 해달라며 찾아와 함께 살게 된다. 츠우는 방에서 직물을 짤 때 들어오지 말라 하고 문을 닫은 후 멋진 직물을 만들어 주고 남자는 그걸 팔아 부자가 된다. 그러나 궁금증을 참지 못한 남자가 문을 열고 두루미가 자기 털을 뽑아 직물을 만들고 있는 장면을 보게 된다. 정체를 들킨 두루미는 상처를 받고 하늘로 돌아간다. 은혜를 갚고자 인간이 된 두루미와의 약속을 어기고 금기를 깨뜨리면서 일어나는 비극을 그리고 있다.

의 츠우가 되어버리고 맙니다. 그렇게 하는데도 여자는 아직도 최선을 다하지 못하는 건 아닌가, 자기가 잘못한 것이 아닌가 하고 죄의식에 떨며 반성을 거듭합니다.

'남자다움'과 '여자다움'은 남자와 여자가 둘이서 한 세트를 이루는 것을 상정하고 만들어진 기대상입니다. 남자 쪽에서 만든 사회규범이기 때문에 남자에게 더 유리하게 만들어져 있습니다.

'여자다움'의 부정적 이미지는 여자가 '여자다워'짐으로써 건전한 인간성이 억압된 결과 생겨나는 행동이나 마음가짐입니다. '여자답게' 산다는 것은 성장에 제동을 거는 것입니다. 반면 '남자다움'의 부정적 이미지는 대화보다는 폭력을 선호하고 전쟁을 좋은 것으로 여기는 자질이기도 합니다.

그렇다면 여자는 '남자다움'의 긍정적인 면을 배우고, 남자는 '여자다움' 중에서 남을 보살피거나 돌보는 세심한 면모를 배워서 둘이 하나가 되는 보완적인 관계가 좋은 것일까요? 아닙니다. 한 사람 한 사람이 자립된 인간이 될 수 있는 자질을 되찾아야 한다고 생각합니다.

'여자다움'은 학습의 결과

'남자다움'에는 있고 '여자다움'에는 없는 것, 그것은 바로 '자기 자신'입니다. 제 학생 중 하나가 이렇게 말하더군요. 남학생들은 '남자다움'과 '자기다움'이 겹치지만, 여학생은 '여자다움'을 살아내는 것과 '자기다움'을 사는 것이 겹치지 않는다고.

여자들이 로봇도 아니고 또 그렇게 될 수 있는 것도 아니기 때문에 자기 본래의 감정과 '여자는 이래야 한다'고 외부에서 기대하는 '여자다움'의 사회규범 사이에 가로 놓여 괴로워하는 경우가 자주 있습니다. 여자들이 매사에 좀처럼 금방 결정하지 못하고 우유부단한 사례가 많은 것도 바로 그 때문입니다. 자기다운 삶을 살 수 없는 스트레스는 증상이 되어 몸으로 나타납니다. 많은 여자들이 신경질적이거나 변비가 잦고, 요통이나 어깨 결림에 시달리고 있는 것도 한편으로는 그 때문입니다.

초등학교 시절을 떠올려 보면 아주 우수한 여자아이들도 분명히 많았습니다. 제가 말하고 싶은 것은 남자가 우수하다느니 여자가 우수하다느니 그런 이야기가 아닙니다. 사실 여자아이든 남자아이든 잘하는 애는 잘 하고 못하는 애는 못하는 거죠. 각자 잘하고 못하는 것이 있는 것이니까 그건 당연합니다.

다만 남자아이는 초중학교 때 잘 못하던 아이였어도 지금 만나면 어디 사장이니 부장이니 으스대고 있습니다. 그런데 고등학교 때 문부대신상을 수상한 글 잘 쓰는 여자애나, 대회에 나가 금상을 받은 그림 잘 그리는 여자애, 유난히 수학을 잘했던 여자애, 내가 천재라고 생각했던 여자애들이 지금 무슨 일을 하고 있느냐 하면 그냥 주부가 되어 수험생 셋을 다그치고 있다지 뭡니까? 이들의 재능은 어떻게 된 걸까요? 일흔 살부터도 화가가 될 수 있다고는 하지만 중간부터가 아니라 처음부터 미술을 통해 새로운 세계를 보여주기를 바랐고, 자신답게 살아가는 모습으로 세상에 이름을 떨치기를 바랐습니다.

남자들은 재능이 있든 없든 관계없이 그냥 '남자'라는 것만으로 우격다짐으로 부추겨지고, 그 덕분에 다들 그런대로 어엿한 사회인이 되었습니다. 여자들도 나름대로 능력이 있을 것이기에, 어릴 때부터 남자아이들처럼 기대를 받는다면 충분히 열심히 할 수 있을 테지만, 우선 부모부터 "여자애니까"라든가 "아무리 경력을 쌓아도 남자들이 꺼리기 때문"이라든가 라며 사회적 성공은 기대하지 않습니다. 처음부터 여자의 능력을 키우는 일 따위는 아예 생각하지도 않습니다. 요컨대 교사들이건 사회건 여자를 결혼시켜 남자의 부하로 삼는 것 이외에는 아무것도 기대하지 않는다는 것입니다. 사람은 어떤 기대를 받는지에 따라 능력을 발산하는 모습이 달라집니다.

얼마 전에 보육사 일을 하고 있는 친구로부터 재미있는 이야기를 들었습니다. 두 살이 될까 말까 한 남자아이와 여자아이가 장난감 말을 타고 노는 것을 보고 있는데, 말을 타려고 하는 여자아이에게 남자아이가 "여자애는 보고 있는 거야"라고 말했답니다. 어린 아이라도 남자는 행동하고 여자는 손뼉 치며 보는 사람이라는, 즉 인생의 방관자라는 것을 TV 등을 통해서 이미 확실하게 학습하고 있는 것입니다.

흔히 여자는 태어날 때부터 상냥하다든가 꼼꼼한 일들을 잘한다고들 말하지만, 그건 거짓말입니다. 개인차는 차치하고라도 그것은 분명 학습의 효과입니다. 아이는 눈이 떠지기 시작하면 바로 생후 몇 개월 무렵부터 학습을 시작합니다. 예를 들어 엄마의 뒷모습을 보고 머리가 긴 저 사람은 항상 부엌에서 뒤돌아서 뭔가를 척척 하고 있다든가, 머리가 짧고 어떤 냄새가 나는 저 사람은 항상 가방을 메고 밖으로 나간다든가 하는 식으로 말이죠. 또 TV나 어린이집, 동네 사람들로부터 이런저런 정보를 받아들여서 '나는 여자애니까 이렇게 하는 거다, 나는 남자니까 이렇게 하는 거다'라고 아이들은 매일 배우고 있습니다.

"세 살 버릇 여든까지 간다"고 하는데 아이들은 세 살 무렵에 이미 지금 이 세상의 여자와 남자의 성별 역할분업을 완전히 터득합니다. 그렇게 태어나는 것이 아니라 부모가 어떤 생활을 하고 있는지, 그 당시의 사회가 아이에게 무엇을 기대하고 있는지가 아이의 삶의 방식에 크나큰 영향을 주고 있는 것입니다.

이것은 중학교 때 제 경험입니다. 학부모회에 참석했던 부모님이 "아휴, 여자는 아무리 공부를 잘해도 월경이 시작되면 이미 끝이에요"라는 선생님 말을 듣고 돌아오신 겁니다. 저는 가뜩이나 열등감에 시달리고 자신감이 없었기에 앞날이 없는 것 같아서 죽고 싶었던 기억이 납니다.

여자아이도 기대를 받는다면 남자아이만큼 혹은 그 이상으로 성장할 수 있습니다. 그 한 가지 예가 바로 그 유명한 하버드 비즈니스 스쿨을 나와서 사회에서 성공하고 있는 여성의 대부분은 남자 형제가 없어서 아버지로부터 아들을 키우는 것처럼 키워진 사람들이라는 것입니다. 또 올림픽에 나가는 여성 스포츠 선수나 여성 프로 골퍼들을 보면 알 수 있습니다. 선수 출신인 아버지의 지도로 훌륭한 선수로 자라고 있습니다.

이렇게 보면 여자아이로 키워지느냐, 남자아이로 키워지느냐에 따라서 인생의 출발점부터 아주 큰 차이가 납니다. 출산을 위해 직장을 그만두고 나중에 파트타임에 나선 여성과 평생 풀타임으로 일한 대졸 여성의 생애소득 차이는 2억 4천만 엔 정도 될 것이라는 추산이 내각부에서 나왔습니다. 그것은 또 나이를 먹고 난 후의 연금까지도 차이가 돼서 돌아옵니다. 처음부터 일했다면 월 약 15~16만 엔 내외 정도를 받을 수 있을지도 모르는데, 도중부터 일하기 시작한 사람은 5만 엔밖에 못 받는 등 근무연수에 따라 크게 달라집니다. 남편에게 의지하고만 살아서 자기가 가진 집도 일도 없이 국민연금만으로 살아야 하는 여자의 노후는 힘겹습니다. 남편을 잃고 아이에게 의지하지 않으면 안 되는 여자는 특히 더 안됐습니다. 자녀의 생활도 넉넉하지 못하기에 마음 편히 살아야 마땅할 노후가 됐는데도 눈치를 보거나 짐짝 취급받는 등 여러 가지로 마음고생이 겹쳐 마침내 스트레스로 노망이 나는 경우도 있기 때문입니다.

'여자답게' 살면 자기 인생이 얼마나 자유롭지 못한지를 저는 어린 시절의 경험으로부터 뼈저리게 느끼고 있습니다. 여자답게 산다는 것은 "네, 네" 거리며 남이 하는 말을 고분고분 듣고 두루두루 신경 쓰고, 자신에 대해서는 겸손하게 '모르겠어요', '잘 못합니다'라고 사양하고, 상대방을 치켜세우며 되도록 자기주장을 하지 말아야 한다는 걸 의미합니다. 말하자면 자기를 작고 조그맣게 보이게 하는 것입니다.

자기주장을 해야 할 때도 "여자답지 않다"라든지 "쟤, 이상해"라는 소리를 듣는 것이 두려워서 '이렇게 하면 뭐라 할까', '저렇게 말하면 웃어줄까'라며 주위 사람들의 기분만 걱정하면서 좀처럼 자신의 의견을 말할 수 없습니다. 반대로, 생각한 대로 솔직하게 "그건 이상해"라고 말해버리고 나면 나중에 '역시 저런 말 하지 말 걸'이라며 지나치게 반성하고 괴로워합니다. 자기주장 하나 하는 데도 아주 죽을 맛이지요. 점점 더 신경이 날카로워지고 자신을 잃어가게 됩니다.

그렇게 죽을 둥 살 둥 '여자답게' 자라다 보면 집중력도 적극성도 없어지는 게 당연합니다. 그런 상태로 회사에 들어가면 여자는 일을 못 한다는 말을 듣습니다. 요컨대 여자답게 하면 일을 못하니까, "그러니까 여자는 안 되는 거야"라는 말을 듣고, 반대로 일을 척척 하면 여자답지 못하다는 질투 섞인 소리를 듣습니다. 어느 방향으로 가도 오케이 사인이 나오지 않습니다. 이것을 여성학에서는 이중구속double bind [19]이라고 합니다.

게다가 여자는 공부를 하든 직업을 가지든 결혼하면 가족 우선의 삶을 살게 될 가능성이 높기 때문에 좀처럼 자기 공부나 직업을 살릴 수가 없습니다. 세상은 '여자의 행복이 결혼'이라고 정해 놓았습니다. 꿈을 가져봤자 그것을 실현할 기회도 얻지 못한 채 결혼밖에 남은 게 없다면 차라리 좋은 남자를 붙잡기 위해 화장이나 패션에 시간을 들이는 것이 낫다는 지경까지 이르게 되는 것입니다. 이렇게 여성스러워짐으로써 점점 자유를 잃고 급기야는 꿈이나 야심과는 무관한, 그냥 물건을 사고 즐기는 소비생활만이 삶의 보람인 청춘을 보내게 됩니다.

하이힐, 현대의 전족

앞의 비유에서 본 것처럼 여자들은 남자들이 주도권을 쥔 갤리선에 끌려오면 가사 노예와 쾌락 노예가 되고 맙니다. 남자들은 여자 노예들을 놓아주지 않기 위해 먼저 여자의 하반신부터 물리적으로 속박해 나갑니다. 두 발에서 시작해 차츰 다리, 자궁, 허리로 올라가고, 마지막에는 머리에 도덕과 사상을 불어넣고 세뇌시켜 남성문화의 가치관을 좋은 것으로 받아들이는 우등생으로 양

19 이중 메시지(double message)라고도 하는데, 언어학자 G. 베이트슨이 1956년에 발표한 용어이다. 도저히 벗어날 수 없는 인간관계에서 일정한 메시지가 주어지고 또 그 메시지를 부정하는 메타메시지가 동시에 주어지는 상황이다.

성하려 합니다. 즉, '여자다운' 여자가 되도록 일상생활과 학교, TV에서도 가르칩니다.

예로부터 하이힐은 '여성스러움'을 상징하는 것이었습니다. 저도 젊어서는 '여자' 노릇을 해보겠노라고 하이힐을 신었습니다. '여자' 노릇을 하지 않으면 어머니나 주변 사람들에게 잔소리를 듣기도 하고 특히 남자에게 인기가 없다고 여겼습니다. 세상으로부터도 여성스러움을 인정받고 싶었던 것입니다. 사회적으로 인정받지 못한다는 것은 매우 괴로운 일이기 때문입니다. 하지만 저는 제 발에 맞지 않는 하이힐을 신다가 허리를 다쳤고, 무엇보다 성희롱까지 당해 너무나 괴로운 경험을 해야 했습니다.

"밤길은 조심해야 해"라고 말해 놓고 세상은 왜 그와는 반대로 여자가 하이힐이나 치마를 입으면 '여성스럽다'며 좋아하는 것일까요? 하이힐을 신고 있으면 습격을 당해도 도망칠 수 없습니다. 하이힐은 구두창의 착지점이 작아서 매우 불안정하고 신은 채로는 빨리 달릴 수 없기 때문입니다. 또 발을 작고 멋져 보이게 하려고 신발 끝을 뾰족하게 하다 보니까 발가락이 압박을 받아서 굉장히 갑갑합니다. 그 발끝에 체중의 3분의 1이 모인다고 하니 피곤해지는 게 당연합니다.

'여자는 왜 이런 곡예와 같은 짓을 해야 하지? 도대체 하이힐이 여자에게 있어서 뭐란 말인가? 그야말로 현대의 전족이 아닌가?'라는 생각을 나름대로 발전시켜 《더 이상 '여자'는 못해먹겠다》라는 책에 〈자기 발 되찾기〉라는 글을 쓴 적이 있습니다.

그 이듬해인 1986년에 《전족이야기》라는 책에서 중국 문제 연구자인 오카모토 류조가 전족은 "인체개조시술"이고 "여성의 가축화를 노린 비인도적인 풍습"이며 하이힐 또한 현대의 전족으로서 여자의 몸에 위해를 가하는 남존여비의 악습이라고 지적하는 문장을 만나게 돼서 마음이 든든해지는 느낌이었습니다.

전족은 여자가 도망가지 못하게 하려고 고안된 풍습이라는 게 제 주장이지만, 보통은 전족하는 이유가 남자의 쾌락을 위해서라고 말합니다. 오카모토 씨도 왜 이런 괴상한 풍습이 시작되었는지 잘 모르겠지만, 전족을 써서 둔부의 발달을 촉진해서 성적 매력을 강조하고 동시에 외출을 마음대로 못하게 하여 여자를 '정조가 있는 여자'로 만드는 것이 목적이었다고 쓰고 있습니다. 또한 책에는 남자의 총애만을 삶의 보람으로 여기게 된 여자들이 격렬한 질투로 서로 죽이는 지경까지 이르는 궁궐 여인들 이야기도 생생하게 쓰여 있습니다.

전족은 엄지 이외의 네 발가락 전부를 발바닥에 접어 넣기 때문에 발 자체가 하이힐을 신고 있는 것과 같은 모습이 됩니다. 엄지발가락이 하이힐의 발부리이고, 접은 네 개의 발가락과 발꿈치가 힐이 되는 것입니다. 게다가 완성된 발의 크기는 10센티미터 정도여서 밖을 돌아다닐 수 없게 됩니다. 하이힐을 신으면 발등이 올라가고 다리 라인이 발목에서 다리로 연결되어 보이기 때문에 전족과 마찬가지로 발 자체는 날씬하고 작아 보입니다.

오카모토 씨의 책에 따르면, 전족은 보통 3세부터 6세 정도까지의 어린 여자아이에게 씌우며 전족이 완료되기까지 3년 정도 걸리는데, 그동안 극심한 고통에 계속 시달립니다. 사실상 반죽음 상태의 괴로움이라서 어머니들은 차마 볼 수 없어 친척 여성에게 자기 딸의 전족을 부탁할 정도였다고 합니다.

발등 껍질이 찢어져서 고름과 피가 고이면 그것을 약탕으로 씻어낸다고 하는데, 너무나 고통스러워 비명을 지르면 "참아야 시집을 갈 수 있단다"라는 충고를 들었다고 합니다.

제가 아는 한 중국인 할머니는 매일 밤 잠들기 전에 아버지가 다리에 붕대를 감으러 왔지만, 너무 아픈 나머지 한밤중에 몰래 붕대를 풀어서 작은 발이 되지 않았다고 했습니다.

몸이 상해도 하이힐을 신는 여성의 심리

그나저나 몸은 어른의 크기인데 발만 어린애처럼 10센티미터라면 여자는 더욱더 도망가지 못하고 도망쳐도 금방 잡히고 맙니다. 그런데 그런 발을 한 여자가 남자에게는 더할 나위 없이 귀엽다고 하는데 그건 대체 무엇을 의미할까요? 자기로부터 도망치고 싶은 여자, 하지만 도망갈 수 없는 여자, 게다가 자기가 지켜주지 않으면 살 수 없는 여자는 삶아 먹든 구워 먹든 남자 마음이니 여자의 목숨을 자기 마음대로 할 수 있습니다. 남의 목숨을 좌지우지할 수 있는 것만큼 지배욕을 만족시켜 주는 것은 없습니다. 더없는 쾌감이지요. 남자는 거기서 자신의 힘을 느낄 수 있으니까요.

데라야마 슈지寺山修司는 《이상한 도서관》에서 "외다리 창녀의 손님이 늘 끊이지 않았다"는 파리의 어느 유곽의 이야기와 함께 전족한 두 발로 남근을 가지고 놀게 하는 것을 최음법으로 삼았던 중국 노인을 묘사하면서 "전족을 한 여자에게서 전족 이전의 발을 떠올려" 보지 않았을까, 라고 쓰고 있습니다.

전족을 하면 항상 붕대로 묶고 있어서 발에 울혈이 생기고 썩어서 냄새가 납니다. 고린내가 나죠. 하지만 남자들은 그 고린내를 좋아했다는 이야기도 있습니다. 가장 큰 비극은 전족 역시 '문화'가 된 것입니다. 전족은 처음에는 귀족의 것이었습니다. 요컨대 일하지 않아도 되는 여자, 총애를 받고 섹스 상대만 하고 있으면 되는 여자의 것이었습니다. 그런데 나중에는 하층 농가의 딸들까지 따라 하게 됩니다.

이들이 전족을 하면 일을 할 수 없게 되니 큰일입니다. 13세 무렵부터 스스로 전족을 하기 시작하는 경우, 이미 발은 충분히 커져 있으니 초조해합니다. 물론 수술 같은 건 할 수 없으므로 밥그릇이나 유리 파편 등으로 발바닥의 살을 긁어내고 네 발가락을 꺾어서 구부려 넣었다고도 합니다. 세균이 들어가서 죽는 사람도 있었습니다. 죽지는 않더라도 고통이 몰려오고 곪기 때문에 냄새가 납니다. 그렇게까지 해서 여자는 '여성스러움'으로 자기를 난도질하지 않으면 살아갈 수가 없었던 것입니다.

그에 비하면 하이힐을 신는 고통 따위는 그리 큰 문제는 아닙니다. 벗고 싶으면 벗을 수 있으니까요. 그래도 우리는 허리가 아프거나 무지외반증으로 수술이 필요한 상황이 돼서도 좀처럼 하이힐 신는 것을 멈출 수 없습니다. 바로 '여성스러움'으로 이미 마음이 전족되어 있기 때문입니다.

허리가 펴지지 않아서 엉금엉금하면서도 하이힐을 신고 있는 할머니를 알고 있습니다. 언제까지고 '여성스럽다'라는 말을 듣고 싶어서 필사적으로 노력하고 있다는 건 이해합니다. '여성스럽다'라는 말을 듣는 것이 살아있음을 보여주는 증거겠지요. 그 사람은 지팡이 짚을 때까지도 하이힐을 신겠죠. 왜냐하면 오랫동안 '여자다움'의 가치관으로 살아온 사람에게 '여자'가 아니게 되는 것은 인간이 아니게 되는 것과 마찬가지니까요. 하이힐이 그 정도까지 그 사람의 정체성을 만들고 있었던 걸까 생각해보면, '여자다움'이라는 사회규범이 범죄적으로까지 느껴져서 기겁할 지경입니다. 하이힐을 신는 것이 그 사람이 인간이라는 증거이고, 하이힐과 그 사람의 내면이 밀접하게 연결되어 있다면 우리는 그것을 비웃을 수 없습니다. 그 사람은 자기 발이나 허리가 아무리 아파도 하이힐을 신음으로써 여자에게 차별적인 상황이 발생한다는 생각은 해본 적도 없을 겁니다. 그 사람에게 "몸에 해로우니까 하이힐을 그만 신으세요"라고 말할라치면 쓸데없는 참견이라며 화를 낼 게 틀림없습니다. 하이힐을 안 신는 것은 자신의 정체성을 상실하는 일일 테니까요.

저도 옛날에 필사적으로 조그마한 하이힐을 신었다가 발이 퉁퉁 부어올랐던 적이 있습니다. 그래도 여성스럽게 보이고 싶어서 계속 신었던 시기가 있었기 때문에 그 마음을 아주 잘 알 수 있습니다. 그게 어른 여자들이 하는 일이고 '여자다운' 거니까, 그래야 예쁘다고 하니까 비록 몸이 아프고 힘들더라도 그만둘 수가 없었던 것입니다.

마오쩌둥이 "전족은 여성억압의 상징이니 폐지하라"고 금지령을 내렸을 때 제일 저항한 이들이 여자들이었다고 하는데 그것도 이해가 될 것 같습니다. 몸뚱이째로, 그야말로 통째로 억압되어 버린 여자들은 억압된 상태가 자연스럽다고 생각합니다. 게다가 그것이야말로 '여자다움'이라고 구슬려지면 아무리 불편하고 거북해도 '원래 그런 거지'라고 스스로 납득하고 인내해버리기 때문입니다.

여자의 복장이 드러내는 여자라는 신분

우리는 자신이 입고 싶은 옷이나 색상, 무늬를 스스로 선택하고 있다고 생각하지만, 실제로는 다양한 규제가 작용하고 있고 무의식중에 그 규제에 따라서 디자인이나 색상과 무늬를 선택하는 경우가 많습니다. 나이가 들면 수수한 색과 무늬를 입는다든가,

갓 태어난 아기에게는 남자아이라면 블루, 여자라면 핑크 옷을 선물한다든가 말이죠.

어린이집 선생님이 이런 이야기를 하더군요. 두 살배기 남자아이가 화장실에 갔다가 우연히 분홍색 슬리퍼밖에 남아 있지 않은 것을 보고, "나 화장실 안 갈래, 남자 슬리퍼가 없잖아"라고 막무가내로 용변을 보지 않으려 했다고 합니다. 앞에서 말한 하이힐을 신고 있는 할머니의 경우와 마찬가지로 두 살 나이에 벌써 색깔이 그 아이의 정체성을 결정하고 있는 것입니다.

제복은 중고등학생만 입는 게 아니라 여자 은행원이나 백화점 점원도 입는데, 일반적으로 학교나 고용자 측이 옷의 색깔이나 형태를 결정합니다. 다만 학생이나 은행원들은 학교가 끝나면 그리고 8시간 노동 후에는 자신의 복장으로 돌아갈 수 있습니다.

그런데 가령 나라奈良 시대의 서민들은 의복의 색깔과 모양까지 황족이나 귀족들과 뚜렷이 구별되었습니다. 일하는 동안뿐만 아니라 개인의 의지와는 무관하게 하루 종일 국가에서 정한 복장을 하고 있어야 했습니다. 그렇게 되면 복장은 신분을 나타내게 됩니다. 신분을 정하고 이를 강요하고 관리한 것은 당시 권력자들이었습니다.

그렇게 생각해보면, 여자가 온종일 '여성스럽다'는 소리를 들을 수 있는 복장을 입어야 한다는 건 여자라는 신분으로 살고 있다는 말입니다. 여자의 옷차림 역시 여자라는 신분을 나타내는 셈입니다.

치마가 남자보다 신분이 낮은 사람의 옷이라고 생각하는 사람은 요즘엔 없겠지만, 30년 전쯤 제가 대학 전임교원이 되어 바지 차림으로 수업을 시작했을 때만 해도 중년 남성 동료들은 "여자니까 치마를 입어야지"라는 주의를 주었습니다.

치마보다 움직이기 편하고 일하기 편해서 바지를 골랐는데 "여자니까"라는 이유로 금지된다면 도대체 여자의 복장이란 게 무엇이란 말입니까? 여자가 활동성있는 남자들 옷을 자유롭게 입지 못한다면, 원래부터 여자의 복장 그 자체가 여자에게 불이익을 주고 남자보다 못한 신분을 표현하는 차별이 아닐까 하는 생각이 들었습니다. 실제로 프랑스에는 "바지[20]를 입은 자가 자유를 갖는다"라는 속담이 있는데, 그것은 남자들에게 하는 말이긴 하지만, 활동성 있는 바지를 입는 사람이 더 인간다운 사람이 될 수 있다는 것입니다.

여자의 복장은 시대가 지날수록 자유를 속박하는 쪽으로 갑니다. 인간은 두 다리로 걸어 다니니까 바지류의 옷이 가장 활동하기 편할 겁니다. 무라카미 노부히코의 《복장의 역사》에 따르면, 고대에는 여자나 남자나 지금의 잠방이 같은 옷을 입고 있었습니다. 그 무

20 여기에서 '바지'는 '퀼로트culottes'로서 큐롯팬츠, 즉 통 넓은 반바지를 뜻한다. 참고로 퀼로트는 본래 프랑스 귀족들이 입었던 착 들러붙는 반바지였고, 프랑스혁명의 주도세력인 '상퀼로트'는 퀼로트를 입지 않은 사람, 즉 긴바지를 입은 사회계층이었다.

럽엔 여자도 군사, 정치, 경제 같은 온갖 일에 관여했던 것 같습니다.

그런데 남성의 지배력이 강해짐에 따라 여성의 복장은 두 다리를 하나로 묶는 형태가 됩니다. 헤이안 시대 이후 여자의 재산이 남자 쪽으로 옮겨지고 나서는 남자의 하카마는 발이 나오는데 여자의 하카마는 발이 나오지 않게 됩니다. 다리가 나오지 않으면 걷는 것도 불편하고 도망칠 수도 없습니다. 기모노와 타이트스커트도 다리를 하나로 묶기 때문에 활동이 속박당합니다. 속박될 뿐만 아니라 하반신이 개방되어 있기 때문에 언제든지 외부에서 손을 집어넣을 수 있습니다. 즉, 강간 같은 폭력에 쉽게 노출되어 있는 것이 기모노나 치마의 특징이라고 할 수 있습니다.

다시 말해 여자의 복장은 자유를 속박하면서 동시에 남자들이 접근하기 쉽게 개방되어 있고 무방비하게 만들어져 있다는 것입니다. 서양 여자들의 속옷 코르셋이나 일본의 옛 기모노 허리띠에도 여자를 동여매서 행동력을 빼앗고 자기들보다 작게 만들어 두고 싶은 남자의 욕망이 드러나 있습니다. 허리띠는 처음에는 가는 끈이었습니다. 무로마치 시대에는 여자도 헐겁게 복부 아래에 남자의 헤코오비兵児帯[21] 같은 것을 매고 있었습니다. 그러나 여자의 사회적 지위가 낮아짐에 따라 띠는 넓어졌고, 에도시대가 되

21 다른 오비(기모노 허리띠)가 뻣뻣한 천을 겹쳐서 만든 것과 달리 하늘하늘한 천으로 만드는 캐쥬얼한 허리띠.

면 가슴팍을 다 덮게 됩니다. 뿐만 아니라 기모노를 입을 때 정말로 많은 끈이 사용되기 시작합니다. 여성의 몸은 끈 투성이가 되었고, 그것들은 몸을 속박하고 압박하게 되었습니다. 이렇게 해서 남자 사회는 여자의 몸을 차례차례 구속해갔던 것입니다.

교복으로 치마를 입어야만 하는 이유는

여자와 남자는 단지 성이 다르기 때문에 다른 복장을 하고 있다고 생각하겠지만, 자세히 보면 여자의 복장은 아무래도 남자에 비해 여러 가지로 불편하고 무방비한 데다가 건강에도 좋지 못합니다.

그렇게 된 것은 여성 옷의 특징이 몸의 구속과 노출이라는 두 가지 지점에 집중되어 있기 때문입니다. 이 구속과 노출이 여성에게서 자유를 빼앗아 왔습니다. 라이프 아티스트 고마샤쿠 기미駒尺喜美 씨는 "여자의 복장은 감옥 스타일"이라고 말하고 있습니다. 시즈오카현 미시마의 어느 감옥에서 간수 한 명이 여자 죄수를 범하는 사건이 있었습니다. '짓궂은 장난'이라고 보도됐지만 실제로는 강간이었고 여자들이 그 때문에 싸웠습니다. 간수는 열쇠를 가지고 있기 때문에 마음만 먹으면 자유롭게 여자 죄수의 감방에 들어갈 수 있습니다. 하지만 여자 죄수는 도망가지 못합니다. 도망쳐도 죄수니까 결국 잡히고 맙니다.

가슴이 파인 옷을 입거나 치마를 입는 것도 똑같은 상황이죠. 치마는 안으로 손을 넣거나 확 걷어 올려도 속수무책일 수밖에 없을 만큼 무방비입니다. 치마를 입고 있는 사람은 스스로 자신을 지킬 수 없는 것입니다.

게다가 치마를 입고 있으면 활동성이 떨어집니다. 언제 걷어 올려질지, 언제 치마 안이 보일지 신경 쓰지 않으면 안 되기 때문에 매우 피곤합니다. 다리 두는 법에도 끊임없이 조심하지 않으면 안 됩니다. 인간의 다리는 의자에 앉으면 저절로 살짝 벌어지게 마련이죠. 하지만 치마를 입은 여자는 두 다리가 벌리지 않도록 끊임없이 다리를 오므리고 있어야 합니다. 그것은 너무나 긴장을 강요당하는 일입니다. 그런데 또 그렇게 몸을 감는 자세, 다리를 꼬는 자세는 어쩔 수 없이 교태라고 받아들이기 쉬운 자세가 됩니다.

남자가 무방비성에 항거하는 여성의 자태에 섹시함을 느낀다면 그것은 고통의 결과로 만들어진 전족에 에로스를 느끼는 것과 같습니다. 여기에 바로 지배라는 요소가 어른거리는 것은 부정할 수 없습니다.

이렇게 보면 중학교나 고등학교의 여자 교복이 일률적으로 치마로 정해져 있는 것도 이상한 이야기라는 것을 알게 됩니다. 초등학교까지는 바지를 입든지 치마를 입든지 자유였는데, 중학교나 고등학교에서 교칙으로 강제로 치마를 입히는 이유는 뭘까요? 결국 '여성스럽게[귀엽게]' 되라는 거죠. '여성스럽게' 사는 것 자체가 정신의 거세인 것은 이미 살펴보았습니다. 치마를 입어야 한다는 것, 바지보다 활동성이 적은 복장을 억지로 입어야 하는 것은 불편을 강요당하는 것입니다. 육체의 구속이고 속박이며 차별일 뿐입니다.

왜 사춘기 여자에게 일부러 그런 무방비한 옷차림을 하게 하나요? 게다가 미래를 대비해서 활발히 활동해야 할 시기에, 그만큼 위험한 것도 많은 시기에 왜 "움직이기 편하게, 그리고 몸을 보호하기 위해서라도 바지를 입어라"라고 하지 않는 건가요?

치마를 입을지 바지를 입을지 적어도 두 가지 선택지가 있는 것이 좋겠습니다. 가장 중요한 시기에 자유롭게 옷을 입히지 않고 강제로 치마를 입히는 것은 그야말로 억압과 거세를 증폭시키는 것이며 자유민주주의 시대의 교육과는 거리가 먼 상황 아닌가요?[22]

남자의 시선이 만들어내는 미의식과 패션

하이힐을 신고 치마를 입는 것이 여성스럽고 아름답다고 생각하는 미의식은 누가 만드는 것일까요? 바로 왕후귀족인 남자들이고 남자들의 시선이며, 그 시선을 매개하는 남성이 주체인 언론입

‡

22 한국의 경우, 2000년부터 교육부가 일선 학교에 '여학생의 치마 · 바지 선택권'을 권고해왔다. 다만 교육부와 외부 기관은 '권고'만 할 뿐, 교복 규정은 각 학교가 알아서 정하는 게 원칙이라 '전통' 등의 이유를 들어 여전히 치마만 고집하는 학교가 존재한다. 2020년 8월 국민권익위원회가 시 · 도 교육청에 교복 신청 양식에 바지 선택 항목을 추가하도록 제도 개선을 권고했다. 남학생의 치마 선택권은 아직 인정되지 않고 있다. 일본의 경우 교복이 성수수자의 권리를 침해한다는 지적에 따라 시네마현에서 2021년부터 여학생도 바지를 선택할 수 있게 했고, 사립 톳토리 케이아이고등학교는 2019년 여학생 교복에 바지를 추가했고 남학생도 치마를 입을 수 있게 했다.

니다. TV부터 잡지에 이르기까지 매스컴 세계의 주도권은 대부분 남성이 쥐고 있습니다. 우리는 거기에서 발신되는 그들의 미의식을 내면화하고 우리 개인의 미의식이라고 믿어버리며, 그렇게 살려고 합니다. 자기 자신을 제대로 가지지 못한 사람일수록 그 미의식에 놀아나게 됩니다.

고인이 된 다이애나 황태자비가 모자를 쓰거나 물방울무늬 옷을 입기라도 하면 자신에게는 어울리지 않아도 모두 따라 했습니다. 아키시노노미야 친왕비[23]가 진주를 걸치면 다들 진주를 걸치기 시작했습니다. 대체로 패션 같은 건 위에서 했던 것이 아래로 내려오기 마련입니다. 지금은 귀족이나 상류층이 아니라 잡지나 TV 같은 미디어의 힘이 모델을 통해 디자이너들이 만든 새 옷을 일반에 보급시키고 있습니다. 그래서 다들 패션모델이나 여자 연예인을 흉내 내죠. 반체제였던 영국 펑크 패션은 밑에서 위로 흐르는 하위문화의 상향 전파 성향이었으나 기성 패션계만 활성화시켰을 뿐 주류에 흡수되어 활력을 잃어갔습니다.

그 패션업계의 중심을 이루고 있는 것도 역시 거의 남성들

23 아키히토 천황의 차남 아키시노노미야 후미히토 친왕의 비로서 혼인 전 이름은 가와시마 기코, 보통 기코 비라고 한다. 미모와 야망의 소유자로 젊은 시절 인기가 많았으나 쇼윈도 부부, 갑질논란 등 일본 내 여론이 좋지 못하다. 시아주머니가 천황인 현재 유일한 남자 후계자를 기르고 있는 입장으로 부담을 느껴 완벽을 추구하는 신경질적인 경향으로 묘사되는 경우가 많다. 바로 이 책에서 다뤄지는 남성주류문화에 편입한 여성 그 자체이다. 참고로 남편인 후미히토는 난봉꾼이라는 더 안 좋은 이미지를 가지고 있다.

입니다. 여성이 있다고 하더라도 그들도 남성이 주체인 사회에서 오래 살아남기 위해서는 남성들의 미의 규범을 따라야 합니다. 그러니까 여성 디자이너가 반드시 여성의 자유를 위한 의복을 만든다고는 할 수 없습니다. 디자이너라고는 하지만 그들 역시 상품을 만드는 것이므로 팔기 위해서는 남자의 시선을 자기 안에 내면화해서 그 미의식으로 여자 옷을 만드는 사람들이 대부분 아닐까요?

젊은 사람들이 좋아하는 미니스커트는 여성의 활동성을 주장하며 출시되었을 것입니다. 실제로는 허리에 짧은 천을 두르고 있을 뿐이므로 다리는 자유롭게 벌리고 매우 활발하게 움직일 수 있을 것 같지만, 아무리 봐도 가장 범하기 쉬운 복장입니다. 허벅지를 내보이고 다리 사이 Y존을 끊임없이 의식시킴으로써 '어때? 나 매력 있잖아, 아무 때나 괜찮아'라는 메시지를 남자에게 보내고 있다고 생각해도 어쩔 수 없습니다. 실제로 그렇게 생각하길 바라고 입는 사람도 있을지 모르겠지만, 그렇다 하더라도 매우 위험천만한 복장입니다. 입고 있는 사람은 한편으로 즐기고 있지만 엄청난 스트레스도 느끼고 있을 것입니다.

이러한 패션은 세상 남녀가 대등하고 남자가 여자를 덮치는 야만적인 상황이 없다는 걸 가정하고 현실을 은폐한 채 만들어지고 판매되는 것이라고 밖에 생각되지 않습니다. 어서 빨리 그런 시대가 왔으면 좋겠네요. 그렇게 되면 여자든 남자든 바지 하나만 입고 다녀도 될 것입니다. 그런데 아직 그런 시대가 아닌데, 그런 척하면서 만들어진 복장에 여자가 기꺼이 편승하고 있는 것 같다는 생각이 듭니다.

여성이 입기에 편안하고 넉넉한 옷은 최근에 와서 시장에 나오게 되긴 했습니다만, 일본에서는 여전히 몸에 딱 맞는 옷이나 상반신을 거의 벌거벗은 것이나 다름없는 옷이 주류입니다. 이만한 시대착오도 없지요.

그리고 '말랐다=아름답다'는 믿음에 젊은 여성들은 모두 살을 빼려고 안간힘을 쓰고 있습니다. 식사를 제한하고 무리한 다이어트를 한 결과 골다공증에 걸리거나 탈모로 고생하거나 몇 달 동안 생리가 멈추거나 하는 등 건강을 해치고 있습니다. 건강하고 쾌적한 체중은 사람마다 조금씩 다릅니다. 그런데도 그런 것에 전혀 개의치 않고 시판되는 슬림한 옷에 자신을 맞추려고 필사적으로 살을 빼기 위한 노력을 하고 있습니다.

그런 사람들은 '여자답게[귀엽게]' 되려다가 '자기 자신'를 잃어버리고, '자기 자신'이 없기 때문에 바로 유행이나 풍조에 발목이 잡히고 맙니다. '자기 자신'이 있고 없고는 학교 성적의 좋고 나쁨과는 별개입니다. 머리가 좋고 일을 잘해도 의존심이 강하면 남자친구의 "너, 살쪘구나"라는 말 한마디에 다이어트에 뛰어들어 돌이킬 수 없는 건강상태가 되기도 합니다.

낡아빠진 미의식에서 벗어나

일반적으로 아름답다고 여겨지는 것이라도 그것이 사람에게 고통을 주고 사람을 괴롭히는 것이라는 걸 알게 된다면 계속해서 아름답다고는 말할 수 없을 것입니다. 하물며 생명에 지장을 줄 수도 있다면 더 말해 뭐하겠습니까?

하이힐을 신으면 가슴과 엉덩이가 튀어나와 섹시하고 아름답고 귀엽다는 미의식이 있었다곤 치더라도 무지외반증으로 뒤틀린 발가락을 보고 그 아름다움이 우리의 몸을 상하게 함으로써 생겨나는 것임을 알게 된다면 계속 신을 수 있을까요? 더 이상 달갑게 신을 수 없을 겁니다. 또 신고 있는 사람을 보면 과거에는 '아, 예쁘다'는 생각이 들었겠지만 그 해로움을 알게 되어 새로운 미의식을 가지게 된다면 그렇게까지 여자 노릇을 하고 살아야 하다니 안 됐다는 생각이 드는 것도 당연합니다.

자신의 몸이 뒤틀리고 일그러져 가는 것을 보느니 느긋하고 편안한, 게다가 생기 넘치는 아름다움이 더 좋지 않을까요? 괴로울 때는 무엇이 괴로운지 잘 생각해보고, 자신에게 괴로움을 주는 것을 벗어 던지고 가야죠. 그러기 위해서는 가령 거들을 벗어버리고 축 늘어진 엉덩이가 되든, 브래지어를 벗어던지고 쳐진 가슴이 되든, 자신이 선택한 것이기에 그 결과를 받아들입니다. 그렇게 틀에 박힌 미의식 그 자체를 바꾸어 가지 않으면 여자는 자유로워질 수 없습니다. 몸의 해방은 곧 마음의 해방으로 이어지기 때문입니다.

미의식이라는 것은 나고 자란 생활환경 속에서 자연스럽게 마음속에 자리잡은 것이고, 그런 의미에서는 매우 낡은 것입니다. 새로운 것을 배웠을 때, 머리로는 납득해도 마음이 따라가지 않는 경우가 있는 것도 그 때문입니다. 그래서 저는 미의식은 진화과정에서 남은 꼬리뼈 같은 것이라고 말합니다. 어떻게 그런 미의식이 생겨나게 된 것인지 스스로는 잘 모릅니다. 그런데도 사람이나 물건을 이리저리 판단해 버리는 무서운 구석이 있습니다. 그래서 미의식을 바꾸는 것은 불가능해 보이긴 해도, 각자의 자서전을 펼쳐 보면 어릴 때부터 현재에 이르기까지 자신의 미의식도 다양하게 변하고 있다는 것을 깨닫게 됩니다.

무엇을 아름답다고 느끼고 무엇을 섹시하다고 느끼는지는 본래 아주 개인적인 것입니다. 다만 그저 사회체제나 경제, 풍속과 습관, 인간관 등 여러 가지 영향을 받습니다. 미의식은 또한 시대와 장소에 따라서도 바뀝니다. 루벤스가 그린 풍만한 여성을 아름답다고 생각하는 시대와 모딜리아니가 그린 날씬한 여성을 아름답다고 생각하는 시대가 있는 것입니다.

그러나 미의식이나 자신의 섹슈얼리티에 대한 생각은 마음만 먹으면, 즉 사고방식이나 가치관을 바꿈으로써 충분히 바꿀 수 있습니다. 음식의 기호나 남자 취향도 바꿀 수 있습니다. 그런 것들은 타고나는 것이라서 바꿀 수 없다고 생각하기 쉽지만, 절박하게 필요해지면 다 바꿀 수 있습니다.

얼마 전까지만 해도 남자가 옷차림에 신경을 쓰면 "남자답지 못하다"는 소리를 들었습니다. 지금은 아니지요. 세련된 남자들이 더 환영받습니다. 또 옛날에는 "남자는 부엌에 들어가지 않는다"고 하여 부엌일을 하는 남자는 싫은 소리를 들었습니다만, 성별 역할분업을 반대하는 사고방식에 익숙해지면서 가사나 육아 등을 성심껏 도와주는 남성이 훌륭하다는 말을 듣게 되었습니다. 극적인 변화이지요. 그런 삶의 방식의 변화에 발맞춰 남녀 복장에 대해서도 무엇이 아름다운가 하는 미의 규범도 마땅히 바뀌어야 할 것입니다.

차별적인 문화의 속박에서 벗어나 자유롭게 살고 싶다면 먼저 자신의 미의식을 점검하는 일부터 시작해야 합니다. 판에 박힌 미의식이 아니라 자기 나름의 미의식을 찾아 키우고, 그런 삶을 사는 것이 훨씬 개성적이고 현대적이며 멋스럽지요.

마리아도 이브도 아닌, 당신 자신으로 살아라

옷차림은 그 사람의 사물을 바라보는 방식이나 살아가는 방식과 떼어낼 수 없습니다. 옷차림을 보면 그 사람이 사회와 어떤 관계를 갖고 싶은지, 남자들이 어떻게 대해줬으면 좋겠는지, 자기를 어떻게 생각하고 있는지 알 수 있는 부분이 있습니다. 자신을 소중히 여기고 있는지, 자기다움을 찾으려고 노력하고 있는지, 그냥 시류에 휩쓸려가고 있을 뿐인지도 알 수 있습니다.

여성이 자신을 아끼고 자신의 삶을 소중하게 살고 싶다면 먼저 남들이 나를 어떻게 생각하는지보다도 지금의 옷차림이 나에게 해를 끼치고 있지는 않은지 점검해 보는 것이 좋다고 생각합니다. 성차별이란 여성이라는 이유로 겪게 되는 불편함이나 불리함이며, 그 결과 사회적 정신적으로 손해를 보는 것을 말합니다. 이 남성 중심의 사회에서는 문화 그 자체가 여성차별이라고 할 수도 있습니다. 다들 차별인 줄 모르고 그게 자연스럽다고 생각을 하지요. '자연'이라는 이름의 차별이 작동하고 있어서 우리는 좀처럼 그 차별을 눈치채지 못합니다. 문화 그 자체가 자연스럽게 차별상황을 온전히 지속시키고 있습니다.

그렇다 보니 "난 차별받은 적 없어"라고 말하는 여성들도 있기 마련입니다. 남자들도 "난 여자 차별한 적 한 번도 없는데?"라고 변명하는 경우가 흔합니다. 하지만 아버지가 밖으로 일하러 나가고 어머니가 집에서 부엌일 하는 것은 '당연시'합니다. 이것이 차별이라고 의식하지 못할 정도로 생활의 뿌리에 녹아들어 '자연'이 되어버린 것입니다.

여성은 치마를 입는 것이 여성스럽다, 립스틱을 바르는 것이 여성스럽다, 펌프스 힐을 신는 것이 여성스럽다 등의 말을 하지만, 그 '여성스러운' 차림새 때문에 입술이 거칠어지거나 무지외반이 되어서 자신의 건강이 손상된다는 걸 알게 되면 '자연'스럽다고 해왔던 여성의 옷차림 그 자체가 사실은 자기에게는 손해 즉 차별이라는 점이 보이기 시작합니다.

우리는 그런 옷차림에 너무 익숙해져 있어서 몸에 별로 좋지 않아도 어쩔 수 없다고 받아들여 왔습니다. 어쩌면 익숙함에 더해 쾌적함까지 찾아내는 사람이 있을지도 모르겠네요. "치마는 여름에는 시원하다"라든가 말이죠. 하지만 여자들이 냉증이 많은 이유가 목이나 팔, 다리에 이르기까지 노출이 많기 때문일 수도 있고, 또 거들 같은 것은 허리둘레의 혈액의 흐름을 나쁘게 하므로 여성에게 자주 나타나는 요통의 원인이 되고 있는지도 모릅니다.

남자들 역시 넥타이로 구속되어 있다고 말하는 남자들이 있습니다. 넥타이는 확실히 괴로울 수 있겠지만 그 아래에 있는 와이셔츠의 옷깃은 대동맥이 있는 목덜미에서 체온이 달아나는 것을 막고 있습니다. 노출을 피함으로써 몸을 지키고 있는 것입니다. 같은 구속이라도 여성 복장의 구속성과는 의미가 다릅니다. 반대로 여성의 옷은 멋을 부릴수록 열을 가장 많이 발산하는 손목, 발목 등 목이라는 목은 그대로 다 노출되어 있습니다. 그래서 여자가 냉증이 많은 것입니다.

여자는 좀 더 자신에게 상냥한 복장을 해야 합니다. 아침부터 저녁까지 '여자' 노릇을 하다보면 지쳐버려 빨리 늙습니다. 꼭 필요하다면 TPO[24] 정도로 타협하는 것도 괜찮겠죠. 일할 때는 자

24 Time(시간), Place(장소), Occasion(장소)에 맞는 패션이라는 뜻으로 사용되곤 하는데,

기다운 편하고 움직이기 쉬운 차림으로, 집에 돌아가면 무방비한 치마라도 입고 긴장을 풀면 되는데, 지금 거꾸로 되어 있지 않나요? 밖에서 무방비한 치마를 입고 집에서는 바지를 입고 말이죠. 또 데이트할 때는 한껏 섹시하고 화려한 차림으로 마치 '날 덮쳐 봐'라고 하는 건가요? 상대를 깜짝 놀라게 하는 것도 재미있을지 모르겠습니다. 만약 남자친구가 하이힐을 좋아한다면 만날 때 정도야 신어줘도 되겠죠. 다만 시험 삼아 한 번쯤 남자에게 하이힐을 신겨보시기 바랍니다. 마음씨 좋은 남자라면 다시는 신으라고 하지 않을 겁니다.

어디까지나 자신의 개성을 저버리지 않는 선이 좋습니다. 자신들을 차별해 온 복장과 패션을 이용하기는 하더라도 결코 그 노예가 되지 않도록 자기중심의 미의식을 키울 것, 그것이 바로 자기다움이고 자신의 재산이 아닐까 생각합니다. 이제부터는 시판되는 옷에 자신을 맞출 게 아니라 제조사로 하여금 자신들의 몸에 맞는 사이즈의 멋진 옷을 만들게 하는 방향으로 나아가야 합니다. 마리아로 살 것인지 이브로 살 것인지, 아니면 하나의 인간으로서 살아가려고 할 것인지, 옷차림 하나에도 당신의 의지를 살려보는 게 어떠냐는 것입니다.

‡

이 개념의 발안자는 남성복 메이커인 VAN 브랜드의 창시자이자 일본에서 '남성 패션의 신'이라 불리는 시즈 켄스케인 것으로 알려졌다.

4장

페니스 없이도 사랑할 수 있을까

침략과 점령의 섹스

섹슈얼리티 그 자체는 지극히 개인적인 것입니다. 사람마다 각자의 인생이 다르듯이 섹슈얼리티도 다르기 때문에 자신의 섹슈얼리티를 살리기 위해서는 자유가 없으면 안 됩니다. 더 분명히 말하면 여자건 남자건 타인의 경제력에 의존하는 한 자신의 성을 자유롭게 살 수 없습니다.

비트 다케시가 예전에 《미소》라는 여성 잡지에 여자와 남자에 대해 쓴 적이 있는데, 거기서 그는 "남녀평등입네 뭐네 말들 하지만, 여자들은 말이지 한바탕 일 저질러버리면 끝이야. 내 것이 되는 거라고"라는 말을 했습니다.

여자에게 섹스는 '좋아하는 상대와 사랑을 나누는 것'인 반면, 남자의 경우는 힘을 시험하는 것, 상대를 정복하는 것, 정복해 버리면 상대는 제 맘대로 할 수 있는 것, 자기가 깔아뭉갤 수 있는 상대가 되는 것입니다. 남자의 경우는 성기의 형태부터가 공격적이고 여자는 몸을 열고 상대를 받아들이는 형태로 되어 있기 때문에 상대방과의 관계 방식에 따라서 남자가 여자라는 나라를 무기로 공격하고 침략하는 상황과 매우 닮아 보이기도 합니다. 요컨대 한번 섹스하면 상대를 점령한 것이나 마찬가지이며 깔아뭉갤 수 있다고 생각하기 때문에 그것이 강간이건 서로 사랑하는 남녀의 섹스이건 간에 남자 쪽에서 보면 그 결과는 그다지 다르지 않다는 것입니다. "저 여자를 내 것으로 만들었다"는 말에 실체가 잘 드러나 있습니다.

다만 제 생각에 이것은 남자 성기와 여자 성기의 형태 차이에서 생겨나는 현실이 아니라, 그 이전에 이미 남녀 간에 문화적이고 제도적인 남녀차별과 그로부터 생겨나는 여성 멸시가 있기 때문에, 남성은 자기들 고유의 성기 형태를 핑계 삼아 지배나 침략의 형태를 취하는 자기본위의 섹스를 하고 있는 것입니다. 실제로 어떤 남자들은 따뜻하게 감싸는 느낌으로 여성과 관계하는 반면 또 어떤 남자들은 여자의 몸속으로 빨려 들어가 버릴 것 같은 공포를 느끼는 사람도 있다고 합니다.

A. 드워킨은《인터코스-성적 행위의 정치학》[25]이라는 책에서 비트 다케시와 같은 이야기를 하고 있습니다. 지금처럼 남녀가 평등하지 못한 사회에서 하는 섹스는 여자 입장에서 보면 자기 몸이

25 안드레아 드워킨(Andrea Dworkin)은 이 책에서 이성애 섹스가 어떻게 여성의 종속과 점유, 비하에 기초하고 있는지 보여준다.

침략당하고 점령당하는 것과 마찬가지라고 말이죠. 저도 동의하는 바입니다. 어떤 의미에서 보면 다케시의 저 발언도 날카로운(?) 현상분석이 될 수 있겠군요.

여자를 집에 두고 속옷 빨래나 시키는 사회에서는 섹스를 하면 할수록 남자는 상대방 여자를 하찮게 보게 됩니다. 비로소 남자가 여자를 점령하고 그 여자의 존재 그 자체를 지배하게 됐다는 뜻이 되니까요.

남자들은 자신이 가장 굴욕적이라고 느낄 만한 것을 아무렇지도 않게 여자에게 시키고, 그것도 무상으로 시키고 있으니까 여자에게 감사는 하고 있을 것입니다. 감사한 일이니까요. 하지만 아무리 감사는 하더라도 잠자코 그런 일을 하고 있는 여자를 존경할 리는 없을 겁니다. 《아론 수용소》의 경우에서 보았듯이, 자기들 사회의 최하층 인간이 해야 한다고 생각하는 일을 전부 여자에게 떠맡기는 것, 그것이 결혼제도이고 가정이라고 한다면, 남자는 자기의 섹스 상대를 귀하게 여길 턱이 없겠죠.

자신의 섹슈얼리티를 개발하지 않는 남성들

지금처럼 여자가 갤리선의 배 밑바닥에 갇혀서 "누가 먹여 살리냐!"고 빼기는 남자와 살면서 가사노동 하는 그런 관계 속에 있다면 섹스에서도 위아래의 신분관계가 들어오지 않을 수 없습니다. 섹스 그 자체가 남자 중심의 이기적인 모습이 되는 것도 당연합니다. 남자가 위에 올라가 제 맘대로 만족해버리거나 아니면 상대를 '보내준다'는 자아도취를 위한 섹스 말이죠. 딱 그런 수준의 섹스가 되는 것이 전혀 이상할 게 없죠.

물론 우리 여자들은 연인으로서의 그리고 아내로서의 섹스는 강간과는 다르다고 생각하고 싶어 하죠. 자기만은 다른 대접을 받고 있다고 생각하고 싶은 거죠. 그러나 아무리 그렇게 생각하고 싶어도 만족할 수 있는 섹스가 아니기 때문에 불만이 쌓여 있을 것입니다. 특히 기혼 여성은 일반적으로 섹스는 의무라고 딱 잘라버리곤 합니다. 자기 맘대로 하는 남편의 섹스에 진저리를 치고 있는 사람이 매우 많다고 들었습니다.

얼마 전 레즈비언의 섹스와 70세와 60세 커플의 섹스를 그대로 찍은 20년 전의 비디오를 여럿이 관람하게 되었습니다. 일본인에게는 놀랄 만한 영상이라고 생각합니다. 물론 레즈비언 쪽은 아예 페니스를 쓰지 않죠. 70세와 60세 커플의 섹스의 경우에도 페니스는 사용하지 않습니다. 페니스가 없어도 둘이 서로 사랑할 수 있는 거죠. 충분히 가능합니다. 비디오에는 훌륭한 두 쌍의 성행위가 펼쳐지고 있었습니다. 그것을 보고 있던 일본의 나이 지긋한 여성분이 "아, 나도 레즈비언이었더라면 좋았을 텐데"라든가, "레즈비언이 돼서 저런 체험을 한번 해보고 싶다는 생각이 들었다"라는 말을 꺼내더군요.

그런 목소리를 듣다 보면 남자들이 어지간히 제멋대로 섹스를 해왔다는 생각을 하게 됩니다. 거꾸로 이야기해보면 그 사람과 남편의 성생활이 그 정도로 비참하거나 가난하다고 할지, 즐거움이 없다고 해야 할지, 아무튼 쓸쓸한 것입니다. 부양받고 있으니까 어쩔 수 없이 '의무'를 다하고 있는 것입니다. 여자는 부양받고 있는 만큼 그 이상의 일을 하고 있는데도 '먹여 살리고 있다'라는 남자의 의식이 그런 가난한 섹스를 만들어내고 있는 것이겠죠.

지금까지 여자와 남자의 섹스는 남자의 페니스를 주인공으로 한 섹스이며 여자는 그에 종속되는 섹스를 어쩔 수 없이 해왔습니다. 주인공이 즐길 수 있는 섹스가 주류이고, 남자가 여자를 즐겁게 해주려고 노력하는 것도 상대방 여자를 위해서라기보다 자신의 페니스를 위한 것이었습니다.

젊은 사람을 위한 섹스 매뉴얼은 일단은 여성을 생각하는 것 같지만, '여자란…이다'라는 식의 일반론에 따른, 여자에게 미움받고 싶지 않은 자기방어적인 하우투How To의 세계입니다. 거기서 여자들은 마치 우유먹이는 인형[26] 취급을 받고 있어서 이쪽을 누르면 "삐익", 저쪽을 누르면 "까악"할 뿐입니다.

보통 남자들은 자기가 지배할 수 있다고 착각하는 혹은 환상하는 젊은 여자들만 상대하고 싶어하는 것 같습니다. 극단적인 표현이

‡

26 아기의 모습을 한 인형으로 입과 몸통 하부에 구멍이 뚫려 있다. 젖병으로 물을 먹이거나 기저귀를 갈아주고 논다. 1955년경부터 유행했다.

란 건 알고 있습니다만, 일본 남성은 일반적으로 로리콘롤리타 콤플렉스이며 자신이 명확하게 컨트롤 가능하다고 확신할 수 있는 상대가 아니면 섹스에 미숙한 편입니다. 성인 여자를 상대할 수 있는 성숙하고 기개 있는 인간적 커뮤니케이션 능력이 단련되어 있지 않습니다. 상대가 자신보다 작고 약해서 정복하기 쉽다고 생각하면 마음 놓고 에로스를 느낄 수 있는 것 같습니다. 즉 지배와 에로스가 밀접하게 연관되어 있습니다.

그렇기에, 앞서 언급한 중년 여성과 같은 속마음이 불쑥불쑥 튀어나옵니다. 지금까지 남자의 섹스는 말하자면 사정완료형 섹스이거나 단지 여자를 흥분시켰다는 생각이 들면 그것만으로 충족되는, 여자가 무엇을 느끼고 무엇을 생각하고 있는지, 여자의 기분 따위는 신경 쓰지 않는 섹스였습니다. 바꿔 말하면 서로의 몸과 마음이 공명하는 풍요롭고 멋진 섹스가 있음에도 불구하고 한순간의 오르가즘에만 집착하는 남자는 거기까지밖에 자신의 섹슈얼리티를 개발하지 않았다는 이야기가 됩니다.

남자들의 마음 어딘가에는 싸우고 공격하고 정복하는 것이 '남자답다'는 낡은 의식이 배어 있습니다. 인류가 아직 걸음마 수준이고 육체만이 자산일 때의 옛 의식이지만, 그 오래된 의식이 여성과의 성행위에서 그대로 드러나는 것은 좀 곤란한 일이 아닐까요.

페니스 없이 어디까지 사랑할 수 있을까

그래서 제가 제안컨대, 차라리 남자들이 페니스 없이, 사정을 위한 도구로서 여자와 관계하지 않고 과연 얼마만큼 사랑을 즐길 수 있는지 연습해 보는 게 좋을 것 같습니다. 남자들은 페니스만 믿고 오로지 페니스를 삽입하면 그걸로 할 일은 끝났다는 정도로밖에 생각하고 있지 않으니까, 큰맘 먹고 페니스를 쓰지 않고 두 시간 동안 마음껏 상대를 사랑해 보면 어떨까요? 자기가 얼마나 사랑에 대해서 무능하거나 유능한지 알 수 있다고 생각하거든요. 그렇게 하려면 사랑이 없으면 안 된다는 것도 알게 되겠죠. 페니스 없이 남자가 여자를, 혹은 동성을 얼마나 사랑할 수 있는지 시험 삼아 해보면 좋겠네요. 앞에서 말한 비디오를 보고 그런 생각이 들었답니다.

남자의 의식 속에는 페니스 신드롬이 있어서, 페니스가 남자의 모든 의식을 관리하는 듯한 면모가 있지 않나요? '남자 = 페니스'라면 그건 좀 한심할 것 같기도 합니다. 그런 사람들일수록 나이가 들어 페니스가 서지 않게 되면 '더 이상 남자가 아니다'라고 생각하고 마치 인격이 상실된 것처럼 구질구질해집니다. 생리가 없어진 여자가 '더 이상 여자가 아니다'라며 차림새를 신경쓰지 않게 되는 것과 비슷합니다.

그런 남자들은 자신의 '남자다움'이 위협받으면, 그 상대방이 여자일 경우 페니스로 위협하고 싶어집니다. 상대가 남자라면 페니스의 대체인 권총이나 칼 같은 것으로 위협하고 싶어집니다. 그것마저 없으면 완력과 폭력으로 상대방이 제 말을 듣게 하려고 합니다. 애들처럼 단순한 행동이지만, 그렇게 하면 남자답다고 존중받는다고 생각하는 것입니다. 여자들의 마음은 그런 남자를 매우 싫어하거나 경멸하고 있는데도 말입니다.

페니스를 삽입하지 않으면 여자가 만족하지 않는다는 남자들의 믿음은 어쩌면 생식 환상에 의지하고 있는 걸지도 모릅니다. 가령 아이를 두 명만 낳는다고 하면 나머지 수천 번의 섹스는 생식과는 관계가 없는 것이 됩니다. 그런 식으로 접근해서 풀어야 남성이 섹스에 대해 느끼는 방식과 여성을 어떻게 생각해야 할지가 많이 달라질 것입니다. 앞으로 있을 몇백 번, 몇천 번의 섹스는 각각 무엇을 위해 할 것인지 잘 생각해볼 일입니다. 생식을 위한 섹스에서 벗어나면 서로 사랑하는 마음을 주고받기 위한 소통의 섹스가 될 수 있습니다.

오르가즘이 단순히 '절정에 이른다, 아니다'의 문제라면 여자는 마스터베이션을 하면 됩니다. 그러면 확실히 여자는 절정에 도달할 수 있습니다. 남자도 마찬가지죠. 사랑이 있든 없든 단순히 오르가즘만을 위한 섹스라고 하더라도, 적어도 서로 상대방을 존중하고 대등한 관계가 되도록 예를 갖추어야 합니다. 서로가 함께 한다는 것에 그 이상의 의미가 있는지 어떤지는 개인들 각자가 생각해보면 될 일입니다.

지금까지 남자는 사회적 강자로서 제멋대로 섹스를 계속해 왔습니다. 여자는 남자를 사랑하든 사랑하지 않든 버텨 왔습니다. 하지만 남자가 여자의 몸을 도구로 사용하려는 무도한 일을 계속한다면 이제 주체적인 여자들은 더는 참아내지 않고 차례차례 남자들을 떠나갈 것입니다. 여자들 역시 남자에게 맡기지 말고 자신의 섹슈얼리티를 더 연구하고 잘 알아가야 할 것입니다.

사랑愛과 애정戀은 별개라니까 사랑과 섹스를 분리해서 생각해도 상관없다고 봅니다. 사랑하지 않아도 상대방을 섹시하다고 생각하고 상대방에게 호의를 품고 있다면 즐거운 섹스를 할 수도 있습니다. 한편 아무리 서로 사랑하는 사이라도 상대방이 제멋대로 섹스를 하는 남자라면 두 사람의 성생활은 가난하겠지요. '사랑하니까 섹스해도 괜찮아' 수준의 문제가 아닌, 뭔가 다른 차원에서 전개되는 성의 창의성 같은 게 있으면 좋을 것 같습니다.

그런데 그동안 사랑이나 애정과 관계없는 섹스는 '사랑 없는 섹스 따위'라며 여성들로부터 멸시를 받곤 했습니다. 그런데 그 '사랑'의 실체란 도대체 무엇일까요?

지금까지 잡지건 영화에서건 여성을 타깃으로 한 것이라고는 온통 사랑이나 애정을 테마로 한 것들뿐이었습니다. '사랑받기 위해서'나 '섹스하면 예뻐진다'는 류의 기사들로 지면을 때우는 잡지들도 있습니다. 요즘 여성들이 '사랑! 사랑!' 타령하며 남자의 사랑만 바라는 근원에는 노예 상황에 놓인 여성의 현실이 있습니다.

갤리선의 갑판 아래에 갇힌 여자들은 돈을 벌 수 있는 수단은 모두 남자들에게 독점되어 있으니 어쩔 수 없이 남자라는 주인을 받들고, 여자의 삶으로 주어지는 결혼제도로 들어가 어떻게든 살아남아 왔지만, 이 남자 사회에 적응해서 살아가기 위해서는 우선 남자들한테 찍히지 않도록, 가능한 눈에 띄지 않게 행동해야 합니다. 상대방이 하는 말은 무엇이든 듣고 "네, 네" 거리며 따르는 쪽이 무난하고 안전하다는 것을 체험을 통해 알게 됩니다.

노예 상황에 놓인 여자는 갑판 위 주인의 사랑과 온정이 없으면 먹을 것 하나 제대로 받지 못합니다. 미움받아서 두들겨 맞거나 난폭하게 취급당하는 것보다 주인에게 사랑받는 편이 훨씬 이득입니다. 사랑을 받으면 소중하게 대해줄 것이고 버릇없이 굴어도 들어줄 테니 그쪽이 훨씬 좋은 대우를 받는 셈이지요. 스스로 자기 인생을 자유롭게 살 수 없는 여자들일수록 돈 많고 너그럽고 다정한 남자를 섬기고 싶어 합니다. 자유의 한 조각쯤 달라고 조를 수도 있으니까요.

여자의 구애가 교태의 형태로 발달한 것도 그 때문이 아닐까요? 먹을 것과 자유의 부스러기라도 얻기 위해서는 어쩔 수 없었던 것입니다. 그런데 그런 상황이 너무나도 오래 지속된 나머지 여자는 애정을 구걸하는 상태가 되어버렸고, 어느새 '여자는 사랑으로 사는 존재'가 되어버린 것입니다.

아이가 보호자를 찾듯이 언제까지나 한결같이 "사랑! 사랑!"

노래 부르며 남자의 사랑만 좇는 여자는 노예근성을 그대로 드러내는 것입니다. 한심하게도 스스로 남자의 노예로 전락하려는 것을 증명하고 있는 것이나 마찬가지입니다. 여자가 언제까지나 남자의 사랑만을 찾아 남자의 하수인이 되고 싶어 한다면, 사실 남자에게 있어 이렇게 편리한 존재는 없는 거니까 그런 여자를 남자가 '귀엽다'고 생각하는 것도 당연합니다.

하지만 귀엽다고는 생각해도 남자는 여자를 인격으로, 인간으로서는 존경하지 않습니다. 게다가 지금까지 살펴본 것처럼 남자의 섹슈얼리티에는 여자를 존경하면 그 사람과 섹스할 수 없을지도 모르는 장치가 있습니다. 지금까지 오랜 세월에 걸쳐 남성 지배의 문화 속에서 길러져 온 남자의 감성입니다.

여자들이 재생산하는 여성차별

"그치만 내 애인은 나를 사랑하고 있다고요" "그래도 저는 남편에게 사랑받고 있는 걸요"라고 말하는 사람들이 아주 많습니다. 하지만 그 사랑이란 그저 뽑은 패가 조금 더 잘 나왔던 것뿐입니다. 그런 분들께 아주 짓궂은 말을 하자면, 차별적인 상황에서 여자와 남자의 관계는 마치 애완동물과 인간의 관계와 같다는 것입니다. 애완동물이라는 건 기르는 존재입니다. 예뻐하면 따릅니다. 만져주면 포근하니 기분 좋아합니다. 과도한 요구나 자기주장도 하지 않죠. 자기주장을 할 때는 울어 보입니다. 야옹 야옹 응석부리면서 착 달라붙어 장난칩니다. 그러면 '그래, 옳지 옳지, 그럼, 밥 줄게'라는 말이 나오지요. 그리고 고양이를 좋아하는 사람들은 성향상 고양이라면 다 좋아합니다. 제가 가르치고 있는 남학생은 이렇게 말하더군요. "솔직히, 여자라면 아무나 다 좋아요."

물론 남자에게도 자존심이나 취향이 있습니다. 돈 있는 남자는 "난 페르시안 고양이 아니면 싫어"라거나, 또 약간 마조히스트 성향인지 아니면 이것저것 도전해보고 싶은지 모르겠지만 어떤 남자는 "난 샴 고양이, 할퀴는 놈 말야. 저게 아니면 싫어"라고 말합니다. 샴 고양이는 할퀴어서 사람에게 해코지를 하기 때문에 현관에 묶어놓습니다. 스트레스 한 가득일 테니까 오히려 더 성질내며 할큅니다. 그러면 남자는 쾌감에 몸을 떱니다. 남자의 취미야 여러 가지겠으나, 여자는 부양받고 있는 한 결국 기르고 있는 애완동물이나 매한가지인 셈입니다.

그렇다면 저처럼 남자한테 안 키워지는 여자는 뭘까요? 이 경우는 길고양이라고 할 수 있겠네요. 이들은 반려동물보다 사회적 대우가 더 안 좋습니다. 논쟁 같은 걸 하다 보면 나중에는 "남편도 없는 주제에"라는 말을 같은 여자한테서까지 듣곤 합니다. 물론 주인이 있는 집고양이 쪽이 등급이 위라고 생각하고 있을 테니까 그들이 주장하고 싶은 바는 "주인에게 사랑받아 본 적도 없는 길냥이가 집고양이의 행복을 알 수 있겠는가"겠지만, 똑같이 고양이인 것에는 변함없기에 그런 걸 알아봐야 뭣하겠습니까.

얼마 전 중년 남자 동료와 토론을 했습니다. 그전까지는 테니스니 뭐니 해서 사이좋게 지내기도 하고 "보너스 혼자 다 쓸 수 있으니까 독신 여성은 좋겠어요", "다지마 선생님, 보기 좋네요, 언제나 발랄하고 씩씩해 보여요"라고 말하더니, 말싸움에서 질 것 같으니까 마지막에는 뭐라고 했을 것 같으세요? "결혼도 못한 반편이 주제에"라네요. 이런 걸 가지고 본색을 드러낸다고 하죠?

여자가 애완동물이나 마찬가지라고 말하면 "어쨌든 애완동물은 사랑받고 있잖아"라고 말하는 사람도 있겠죠. 요즘엔 병원에서 극진한 간호도 받을 수 있고, 맛있는 캣푸드를 과식하거나 운동부족으로 살이 너무 쪄서 일찍 죽어도 무덤까지 만들어 줍니다. 겨울에는 털조끼까지 입혀주는 걸 보면 확실히 소중히 여겨지고 있습니다만, 그렇다고 당신이 애완동물이 되고 싶다는 건가요? 여자가 처한 상황이 이와 똑같습니다. 개나 고양이가 받고 있는 사랑이 지금까지 여자들이 받고 싶어 했던 사랑이죠. 하지만 버려지면 그것으로 끝!

이것은 제 경험인데요. 저는 중학생 때 고양이를 아주 좋아해서 길렀던 적이 있습니다. 그 고양이에게 쓸쓸할 때 마음을 기대곤 했습니다. 그런데 그 고양이가 피부병에 걸리자 어머니가 "고양이 안고 자면 결핵에 걸리니까 안으면 안 돼. 이불 속에 들이지 마!"라고 이야기했습니다. 계속 듣다 보니 저도 점점 꺼려지는 기분이 들어서, 어느 날 발밑에서 이불 속으로 들어오는 고양이를 차버렸습니다. 2월의 추운 겨울이었기 때문에 고양이도 끈질기게 몇 번이고 기어들려고 했습니다. 그럴 때마다 발길질로 쫓아냈더니 포기한 듯이 아래층으로 내려갔습니다. 그런데 다음날 그 고양이가 이웃집 밭에서 죽어 있었습니다.

울지 않고 이 이야기를 하기까지 몇 년이 걸렸는지 모릅니다. 저는 고양이 지장보살이라도 만들어주고 싶을 만큼 죄의식에 시달리며 정말로 쓰라린 경험을 했습니다. 지금도 고양이를 보면 제 가슴이 아려옵니다. 그렇게나 나를 위로해 주었던 고양이인데, 병에 걸리자 치료도 받지 못한 채 발길질 당해서 죽은 것입니다.

옛날에 여자는 자식을 못 낳으면 소박맞는다거나 결핵에 걸리면 이혼당하는 등 제가 고양이를 차버린 것처럼 쓸모가 없어지면 시댁에서 쫓겨났습니다. 지금은 마음대로 이혼하면 위자료를 줘야 하기 때문에 남자는 다른 곳에서 여자를 만들어도 쉽게 이혼하지는 않지만, 예나 지금이나 여자가 처한 상황은 그다지 변하지 않았습니다.

발로 차버린 사람은 모든 걸 다 줬던 상대를 잊지 못하고 자신의 비정함을 부끄러워하며 죄의식에 울기도 합니다. 그렇게 나한테 사랑을 줬는데 내가 참으로 몹쓸 짓을 했다고. 저도 그 고양이에 대해 시도 짓고 소설로도 썼습니다. 하지만 고양이는 죽고 없죠.

19세기 프랑스 소설이 대체로 그렇습니다. 남자는 자신의 바람기를 여자가 인정해야 한다고 생각하지만, 여자의 바람기는 용납하려 들지 않습니다. 다른 남자와 정을 통한 여자를 갖은 방법을 동원해 괴롭힙니다. 그래놓고는 여자가 죽으면 참회의 마음을 견디지 못하고 울면서 그 여자를 회고합니다. 그렇게나 자신을 사랑해주었던 여자를 죽게 했다, 이 불쌍한 여자에게 내가 무슨 짓을 했단 말인가 하고 말이죠. 뒤마든 모파상이든 졸라든, 다 비슷합니다. 《춘희》, 《여자의 일생》, 《나나》 그리고 메리메의 《카르멘》 등 모두 다를 바 없지요. 이런 소설들은 무자비하게 취급했던 여자에 대한 추모소설이면서 동시에 그런 멋진 여자를 반하게 만들었다는 작가의 자랑 이야기일 수도 있습니다.

그런데 사랑이야말로 여자가 살아가는 방식이라는 인식이 박혀 있는 여자들은 이런 소설을 읽고 '저렇게 남자한테 사랑받아보고 싶다. 저렇게 사랑받는다면 그땐 죽어도 좋아, 죽임을 당해도 괜찮아'라는 이야기나 하고 있습니다. 남자에게 의지하지 않으면 살아가는 방법을 모르는 사람은 더 나아가 생명의 소중함과 자유의 소중함도 알 수 없습니다. 받아들이는 쪽에 확고한 자아가 없으면 소설에서 정반대의 정보를 얻는 꼴이 됩니다. 여성차별로 탄생한 소설을 읽고, 여자 스스로 차별을 재생산하는 방향으로 가버리는 것입니다.

남자를 사랑하도록 설계된 사회

이 정도로 여자들은 '사랑'에 살고 있는데, 지금까지 여자가 주체가 된 사랑, 여자의 눈으로 본 사랑이라 할 만한 것은 별로 없었던 것 같습니다. 소설이든 연애론이든 대부분 남자가 본 여자, 남자가 본 여자의 사랑, 또 남자가 이랬으면 하는 여자를 그려왔습니다. 설령 여자가 쓰더라도 내용은 여자의 본심이라기보다는 남자가 여자에게 원하는 것을 대변해서 쓰는 것에 불과합니다. 즉 여성 작가도 대부분은 남성문화에 걸맞게 여성상을 그려왔기 때문에 여성 입장에서 사랑을 그린 것은 많지 않았던 것입니다.

왜 사랑이 진실한 모습으로 그려지지 않을까요? 지금까지의 출판계, 사상계를 지배해온 것이 전부 남자들입니다. 그 사람들은 집에 돌아가면 각자 가내 노예가 있습니다. 사랑의 진짜 모습을 이야기하게 되면 지금까지의 쾌적함을 보장해주었던 가내 노예를 포기해야 하고 자기 일터의 세계도 전부 깨져버립니다. 그래서 남자들은 속내를 말하지 않고 말하더라도 생활은 바꾸려 하지 않았습니다. 남자 입장에서 보면 아내와의 사이에 사랑이 사라지더라도 가사노동과 육아만 무급으로 해주기만 하면 되는 것입니다. 사랑은 다른 곳에서 추구하면 되니까요.

여자는 연애를 하고, 결혼을 하고, 아이를 낳고, 사랑의 이름으로 무급의 가사노동을 합니다. 사랑이 있든 없든 가사노동은 평생 따라다니고, 아이를 다 키운 후에는 부모 돌봄과 남편 시중이 또 평생 따라옵니다. 결론적으로 말해서 여자에게 공짜 일을 시키기 위해 남자들이나 세상은 여자에게 "여자는 남자를 사랑해야 한다,

헌신해야 한다"고 수 세기 동안 지겹도록 계속 이야기해 왔습니다. 사랑이라고 해봐야 그것은 여자의 자기희생에 기반한 사랑이었습니다. 이러한 여자의 '사랑'이 남자들 세계의 근본을 지탱하고 있기 때문에 남자는 누구라도 절대로 진실을 말하지 않습니다. "그건 좀 이상하지 않아?"라고 여자 편에 서서 문제를 제기하고 남녀 간의 관계 개선을 주장하는 것이 바로 페미니즘입니다.

'연애'에 있어서 여자와 남자의 역학관계는 어떤 모습일까요? 먼저 자기 혼자 살 수 없는 상황에 놓인 여자는 싫어도 경제력 있고 의지할 수 있는 사람을 선택할 수밖에 없습니다. 사랑보다 돈이 먼저입니다. 그래서 지금도 여자는 '삼고三高(고학력, 고수입, 고신장)' 같은 것으로 남자의 조건을 내세웁니다. 마찬가지로 연애 하나만 놓고 봐도 여자는 결코 자기보다 못하다고 생각하는 사람에게 사랑을 느끼지 않습니다. 자기에게 없는 것, 자신보다 뛰어난 것을 가지고 있거나 뭔가 알 수 없는 인품의 힘, 즉 카리스마나 신비함을 가지고 있는 사람에게 사랑에 빠지거나 반하게 됩니다. '이 사람, 참 좋다'라고 마음 속 어딘가 압도되는 듯한 사람이라야 사랑을 느낍니다.

요컨대, 자신과 이상과의 갭이 상대에 대한 연애 감정으로 바뀌는 경우가 많습니다. 여자가 이미 마음의 단계에서 압도된 데다가 피부양자로서 경제적으로도 빚을 진다면 당연히 상대방 남자에게 고개를 들 수 없게 됩니다. 싫어도 남자를 치켜세울 수밖에 없습니다.

남자 쪽이 여자를 사랑할 경우에 결혼할 때까지의 일정 기간 만큼은 두 사람 사이가 대등할지 모르겠지만, 일단 생활이 시작되고 여자와 남자가 커플이 되면서부터 남녀 사이는 상하관계가 성립합니다. "연애하는 동안은 여자와 남자가 대등하다"라는 표현은 근대의 이데올로기이며 '성의 정치'이고, 남자 사회가 꾸며낸 여자에 대한 '속임수'라고 생각합니다.

지금까지 여성차별을 문화의 근간으로 삼았던 우리 사회에서 중요한 일은 다 남자가 독점해왔습니다. 학문, 산업, 사회적 지위, 집 전부! 남자는 자기 명의의 급료, 예금 계좌, 땅도 가지고 있습니다. 부모로부터 받은 성姓도 갖고 있습니다. 그런데 여자한테는 아무것도 없었습니다. 이따금 부모덕을 보는 경우가 있더라도 그것은 부모의 것일 뿐이고 애인이 뭔가 가지고 있다 한들 그것은 애인의 것일 뿐입니다. 그래도 여자는 그 부스러기라도 얻고 싶으니까 돈 많은 남자와 결혼하고 싶어 하는 것이겠지요. 그것도 다 여자가 가난하도록 만들어져왔기 때문입니다.

남자를 붙잡을 때 여자에게 가장 유리하게 작용하는 것이 아름다운 얼굴입니다. 그것만으로 한 단계 위의 결혼이 가능하기도 했습니다. 그다음은 자궁이 있고 가사능력이 있어서 '여자답다'면, 즉 심지 강하고 헌신적이면 됐지 인격 같은 건 전혀 신경쓰지 않았습니다. 하지만 그 아름다움도 차츰 시들어가고 집주인의 성이 붙은 아이는 머지않아 어머니에게서 멀어져갑니다. 결국 남편이 죽고 나서 그 아이한테까지 매달려야만 한다면 엎친 데 덮친 격이죠.

가와바타 야스나리가 《설국》에서 고마코라는 게이샤의 입을 통해 이렇게 말하고 있습니다. "정말로 사람을 좋아할 수 있는 건 사실 여자뿐이니까요." 반할 수 있는 건 여자뿐이라는 겁니다. 시마무라라는 남자가 아무리 창백하고 통통한 스타일일지라도 고마코라는 시골 게이샤에게는 역시 도쿄 남자이자 정보의 원천이며 말 그대로 동경의 대상일 뿐입니다. (자세한 것은, 앞에서 나온 《더 이상, '여자'는 못해먹겠다》 속 〈고마코의 시점으로 읽는 《설국》〉 참조) 즉 재산도 집도 정보도 아무것도 가질 수 없는 상황에 놓인 여자가 모든 것을 가질 가능성 있는 남자를 동경하고 사랑에 빠집니다. 결국 남성사회라는 것은 억지로 여자가 남자를 동경하고 사랑할 수밖에 없도록 짜여 있다는 것입니다. 그 짜임새가 구조로서의 차별인 것입니다. 이런 상황에서는 차별적인 사랑밖에 할 수 없습니다. 뒤집어 말하면, 여자는 남자의 사랑을 받아야지만 자신의 정체성을 찾을 수 있다는 것입니다. 저는 그렇게 봅니다.

그러므로 사랑에 대해 이러쿵저러쿵 미화해서 여자와 남자가 끌리는 것은 본능이라거나 자연, 또는 동물적인 것이라고 하는, 남자들이 의례적으로 하는 말들을 무비판적으로 받아들인다면 우리 여자들은 해방될 수 없습니다. 현상을 제대로 인식하고 차별적인 상황을 없애야 여자가 왜 남자와의 관계에서 이렇게 자유롭지 못한지 제대로 알 수 있으며 정말로 대등한 연애가 될 수 있습니다. 지금까지의 연애 교과서 같은 주장을 따라가 보면, 연애는 남녀가 대등한 곳에서 성립한다고 말하고 있지만, 현실은 단순히 섹스가 포함된 두목-부하의 관계와 똑같습니다. 그 점을 잘 이해하지 못하면 언제까지나 로맨틱한 연애 이데올로기에 속아 사랑입네 하는 연애 놀이만 하다가 귀중한 청춘이 끝나버릴 수도 있습니다.

'남녀고용기회균등법' 이후의 여자들은 앞으로 스스로의 힘으로 남자가 가졌던 것과 똑같은 것을 얻을 수 있습니다. 일, 집, 사회적 지위 등 갖고 싶은 것은 무엇이든지 말이죠. 적어도 자기가 먹을 빵과 거주할 집 정도는 제 손으로 얻는 게 좋겠죠. 남자와 같은 출발선에 서야 비로소 여자와 남자의 관계가 대등해지고 지금보다 훨씬 더 풍성하고 재미있어지지 않을까요?

현대 일본과 《채털리 부인의 연인》

저는 멋진 섹스 신이라고 하면 아무래도 《채털리 부인의 연인》이 생각납니다. 이 소설에는 코니와 멜러즈의 8회에 걸친 정사 신이 그려져 있습니다. 여자와 남자가 서로 공감하고 상대방에게 상냥한 마음을 가졌을 때 어떤 식의 섹스가 될 것인가 하는 호기심을 만족시켜 주는데, D. H. 로렌스의 경우는 특히 그것을 감동적으로 그리고 있습니다. 저는 학생 때 이 작가의 작품을 좋아해서 《아들과 연인》이나 《무지개》, 《채털리 부인의 연인》 등 에세이에서 단편까지 그의 작품을 닥치는 대로 읽었고, 대학 졸업 논문으로 로렌스를 선택했을 정도였습니다.

《채털리 부인의 연인》은 근대 산업사회에 남편을 빼앗겨버린 아내와 그 부부를 둘러싼 인간군상을 예리한 시각으로 포착합니다. 남편은 어린애가 놀이에 열중하듯이 일에 열중하느라 아내를 전혀 신경쓰지 않습니다. 그런 남편의 아내 코니는 "자신이 가지고 있는 불만이 이 언덕들보다 오래된 것처럼 느껴졌다"고 말합니다. 코니의 이 말은 지금 일본 중년들이라면 공감하지 않을까요?

《채털리 부인의 연인》이 출판된 것은 1928년입니다. 무대는 1914년부터 1920년까지 영국 중부의 한 탄광 마을의 장원 안에 있는 클리포드 준남작의 라그비 저택입니다. 이 장원에는 저택 외에 큰 숲이 있고, 그곳의 숲지기로 고용된 사람이 멜러즈입니다. 그의 아버지는 광부였지만 그는 대장간을 하고 있었습니다. 《채털리 부인의 연인》은 그동안 여러 차례 영화로 만들어졌는데, 그때마다 멜러즈는 항상 근육이 울퉁불퉁한 마초 타입으로 그려져 왔습니다. 불륜하는 남자는 덩치가 크고 남자답고 정력이 넘친다는 지금까지의 스테레오타입의 연장이었습니다. 하지만 소설 속의 멜러즈는 "가냘퍼" 보일 정도로 호리호리하지만, 동작은 "민첩하고" 생활인으로서 "재주가 많기"까지 한 인물로 묘사되어 있습니다.

코니의 남편 클리포드는 아직 30대이지만 제1차 세계대전에서 군복무를 하다가 하반신불수가 되어 돌아왔습니다. 아버지의 뒤를 이어 탄광주가 되는데, 사업에 몰두하는 모습이나 그 멘탈리티가 지금 일본의 기업전사의 모습과 닮았습니다.

로렌스는 산업 자본주의 사회가 "탐욕스러운 메카니즘의 물결"이자 "기계화된 탐욕"으로 움직이고 있다고 비판합니다. 그 '탐욕'의 세계에서 물 만난 물고기처럼 넘치는 능력을 발휘해 활약하는 클리포드를 로렌스는 "악마가 기술자에게 지혜를 빌려주고 있는 것은 아닐까"라고 그 재능을 비아냥을 담아 칭찬하고, "머리 좋음과 섬뜩할 정도의 예민함"을 극찬합니다.

이렇게 기술자로서 훌륭한 두뇌와 재능을 가진 클리포드였지만, 아내인 코니의 눈으로 보면 당장에 "감정적인 인생의 문제"를 대할 때의 모습은 "13세 정도의 지능을 가진, 마치 어린애"인 것처럼 비칩니다. 코니는 그 다른 두 모습에 질려 있습니다. 그래도 코니는 남편과 생명의 기운을 최대한 주고받고 싶었기 때문에 속마음을 전부 열어 보이지만 남편으로부터는 아무것도 돌아오지 않습니다. 그렇게 감감무소식일 수가 없었죠. 광부들을 인간이 아닌 '사물'로 여기듯이 그는 아내조차 '부속물'로 여기고 있음을 알 수 있습니다. 코니는 그런 클리포드를 못마땅하게 여기고 '접촉touch' 하지 못하는 사람이라고 말합니다. 그렇다보니 코니 자신도 역시 남편에게는 정말로 접촉하여 '가닿지' 못하고 있다고 느낍니다.

'touch'라는 말은 이 소설의 키워드입니다. 여기서는 육체적으로 '닿는다'는 의미 외에 상대방의 마음에 가닿는다, 즉 진정한 커뮤니케이션을 가리키기도 합니다. 빅토리아 왕조 시기에는 일반적으로 눈이나 귀를 중요시해서 '보는' 것, '듣는' 것을 지적이고 좋은 것이라고 여기고, '만지는' 것은 섹스까지 포함해서 공공연하게 경시해 왔습니다. '촉각'은 수준 낮은 세계로 간주되어 멸시받고 왜곡되고 오해받았습니다. 로렌스가 작가로 활약할 무렵에는 이미 조지 왕조였지만, 문화 자체는 아직 전 시대의 잔재 속에 있었습니다.

그래서 로렌스는 '촉감'의 세계가 폄하됨으로써 인간성까지도 얼마나 왜곡되고 억압되어왔느냐며 그 인간 부활을 위해서는 무엇보다 '촉각'의 세계의 복권이 절실하다고 주장했던 것입니다. 여자와 남자의 생활 속에서도 '다정함', 그리고 부드럽게 맞닿는 '촉감'의 세계가 무엇보다 필요한 것이라고 평생 호소해나갔습니다.

후계자를 낳기 위한 도구적 존재

클리포드가 아무리 발명가로서 재능과 뛰어난 두뇌를 가졌더라도 정신 연령이 열세 살이라면 연인이나 아내와 대등하게 교제할 수 있을 턱이 없습니다. 그에게는 헌신적으로 신변을 돌봐주는 어머니와 같은 사람이 필요합니다. 그렇게 보니 클리포드는 그야말로 20세기 후반의 일본의 기업전사들과 꼭 닮았습니다. 클리포드는 "간호사든지 누구든지, 당신 시중만 들어줄 사람을 하나 따로 두어야 해요"라는 코니 언니의 의견을 받아들여 자신의 전용 가정부를 고용합니다. 그 결과 남편은 면도부터 시작해서 하나부터 열까지 가정부에게 완전히 의지하게 되고, 그만큼 점점 더 유아적으로 변해갑니다. 반면 일에서는 점점 더 성과를 거두어 가고 소설까지 쓰기 시작합니다.

그는 전쟁 때문에 하반신이 마비돼서 아이를 가질 수가 없습니다. 하지만 무슨 일이 있어도 후계자만은 갖고 싶었던 그는 코니에게 라그비 저택에 오는 손님 아무라도 바람을 피워 아이를 낳아 주지 않겠느냐고 말합니다. 한 번 정도의 바람기는 뭐라 할 일도 아니고, 태어난 아이도 라그비 저택에서 길러지면 이 집의 아이라는 생각을 가지고 있었기 때문입니다. 이렇게 되면 코니가 이 저택에 있는 의미는 그저 후사를 낳는 것밖에는 없게 됩니다. 코니는 남편과의 생활에서 밀려나고 함께 사는 것은 거부당하면서도 후계를 위한 아이만은 낳으라는 말을 듣습니다. 그야말로 씨받이 밖에는 안 되는 존재가 된 것이니 그녀의 고독은 헤아릴 수 없게 됩니다.

이렇게 해서 코니는 광대한 저택 안에서 숨죽이고 살아가면서 차츰 여위어가고 병자나 다름없게 됩니다. 클리포드와 코니의 관계는 오늘날 회사에 붙들려버린 남편과 그 아내의 관계와 판박

이입니다. 지금 일본의 기혼남녀 관계는 영국의 1920년대 무렵의 모습과 크게 다르지 않습니다. 빅토리아 왕조 시대의 영국이 식민지 지배로 이익을 얻고 풍요로워지면서 여러 가지 사회 문제에 직면할 수밖에 없게 된 것처럼, 일본도 고도 경제성장을 이루고 빈곤에서 벗어나 다들 먹고 살 만하게 되면서 비로소 "의식衣食이 풍족해야 예절을 안다"와 같은 상황이 된 건지도 모르겠습니다. 가족이나 타인을 생각하기 시작했고, 자신도 상대방도 정중한 자애가 필요하다고 여기며, 그렇게 앞으로의 새로운 인간관계를 모색하고 있다고 생각합니다.

그런데 이 고도화된 산업 자본주의 사회에서 '일벌'이라고 불릴 정도로 열심히 일하고 있는 남자들이 바쁜 시간에 짬을 내어 성적 쾌락을 얻고 싶다면 어떻게 해야 할까요? 재빨리 흥분할 수 있는 도구가 필요해지고 포르노가 유행합니다. 또 손쉬운 섹스라고 해도 나름 인간관계는 필요하기 때문에 빠르게 관계를 만들 수 있는 노하우와 매뉴얼이 필요해집니다. 그러면 이런 편리한 매뉴얼 문화나 포르노 문화가 있다고 남자가 성적으로나 인간적으로 자유로울 수 있을까요? 오히려 그런 문화 속에서라면 남자들 역시 자유는커녕 삭막한 기분을 품게 되지 않을까요? 인간으로서 엄청난 억압을 떠안고 있을 테니까요. 단지 남자들은 이런 삶의 방식을 '남자답다'고 생각하기에 그런 것을 억압이라고 느끼면 남자답지 않다, 패배다, 라고 치부하는 경향이 있어서 보통은 억압으로 인정하지 않으려 합니다.

하지만 매뉴얼이나 포르노의 도움을 빌리지 않고서는 아무것도 할 수 없다면 그 사람들의 감성은 로봇이나 다름없습니다. 상대방과의 관계 속에서 여러 가지를 발견하거나 키워내고 무언가를 만들어 가는 것이 아니니까요. 누르면 울리는 버저처럼 '자극의 노예'로 스스로 전락해간다고 할 수 있습니다. 포르노 문화나 매뉴얼 문화도 대충해버리는 '날림문화'의 상징일 수 있습니다. 대충해버린 결과 어떤 희생을 치러야 할까요? 결국은 자신을 발견하고 만드는 데 실패하고 마는 것입니다.

생명에 대한 공감에서 이루어지는 섹스

숲지기 멜러즈는 이 자본주의 사회와 마찬가지로 여성에게도 절망하고 있었습니다. 결혼에 실패하면서 상처를 많이 받았기 때문에 "이제는 어떤 여자와도 관계를 갖고 싶지 않다"고 생각했고, 그래서 여자들과 얽히는 것이 두렵기까지 했습니다. 그는 지금까지 만난 여자들이 "남자를 원하긴 하지만 섹스는 원하지는 않는다오. 단지 어쩔 수 없는 일로 참고 있을 뿐이지. 좀 구식인 여자들은 그저 자리에 가만히 누워서 남자가 하고 싶은 대로 하도록 내버려 두고 있을 뿐"이었다고 생각합니다. 즉 그는 자신이 생각하기에 인간의 자연스로운 감정과 담쌓고 사는 주부에게 만족하지 않았던 것입니다. 그에게 "섹스는 세상 모든 접촉 중에서 진정으로 유일한 접촉"입니다. 그러므로 한 여자와 뭔가 공통된 감정이나 공감을 가지지 못하면서 그 여자와 잘 수는 없다고 생각하면서도 또 한편으로는 그런 만남을 "두려워하는" 자신을 타박하기도 합니다. 그는 숲을 "마지막 은신처"로 삼아 "고독을 자기 인생에 주어진 단 하나의, 그리고 최후의 자유라 위로하며" 은둔자의 삶을 작정하고 있었습니다. 그런데 뜻하지 않게 남작부인을 만나게 된 것입니다.

두 사람의 만남은 생명에 대한 공감에서 이루어집니다. 어느 날 코니가 숲을 산책하다가 닭장을 발견합니다. 어미 닭이 품고 있는 병아리가 귀여워 닭장에 손을 넣어 한 마리를 꺼내려고 하는데 손을 넣자마자 어미 닭에게 쪼여버리고 맙니다. 그것을 보고 있던 멜러즈가 어미 닭의 날개 밑에 슬그머니 손을 넣어서 병아리 한 마리를 꺼내 코니의 손바닥에 올려놓습니다. 코니는 자신의 손바닥 위에 올려진, 있는지 없는지 모를 정도로 작고 가벼운 병아리의 잔가지처럼 가늘고 작은 발바닥에서 전해져오는 따뜻함에 저도 모르게 눈물을 흘리고 맙니다. "이것이 생명이로구나. 난 그 따뜻함을 품고 살지 못하는구나"라고 생각합니다.

병아리의 작은 발바닥에서 전해오는 생명의 따뜻함에 감동한 코니는 달리 이야기하면 그만큼 자기 생명의 흐름이 가로막혀 있었다는 것입니다. 그런 코니의 정서에 멜러즈는 공감합니다. 그는 뺨을 타고 흘러내리는 코니의 눈물을 보았을 때, 그때까지 잊고 있던 감각에 사로잡혀 허리께가 흥분되는 것을 느낍니다.

멜러즈는 섹스를 사람과 사람이 "몸으로 하는 인식이자 부드러운 만남"이라고 생각하기 때문에 여자가 한껏 육체를 부드럽게 열고 있을 때 남자가 난폭하게 굴거나 제멋대로 하거나, 상냥하지 않거나 하면 그 섹스는 의미가 없으며 심지어 살인적이라고 해도 될 만큼 매우 끔찍한 것이라고 생각합니다. 그런 섹스는 폭력이고, 페니스는 쪼아대는 부리이자 칼이 되는 것입니다. 그럴 때 책임은 남자 쪽에 있다는 것입니다. 그런 멜러즈가 코니를 대하는 사랑의 방식은 "soft, warm, tender"라는 단어로 표현됩니다. 코니를 애무할 때의 묘사에는 "soft, softly, warm, warmly, tender, tenderly…" 이렇게 세 가지 형용사나 부사가 많이 쓰입니다.

문학 작품에서는 보통 같은 단어를 반복해서 사용하면 문학적으로 서툴다는 이야기를 듣기 때문에 같은 단어는 피하고 같은 의미의 다른 단어로 치환하기도 하는데, 로렌스는 그런 것에 개의치 않았고 이래도 되나 싶을 정도로 이 세 단어를 마치 주문이라도 외우듯이 반복해서 사용합니다. 그래서 코니뿐만 아니라 독자들도 일종의 최면술에 걸린 듯한 기분이 듭니다. 그것은 엄청난 힘입니다. 하지만 유감스럽게도 일본어 번역으로는 감이 잘 오지 않습니다. 될 수 있으면 영어로 읽어보세요. 쉽고 아름다운 문장이니까요.

저는 《채털리 부인의 연인》 속의 러브신은 그 자체로 이상적인 하나의 예로서 훌륭하다고 생각하지만, 그것은 여자와 남자가 서로 깊이 공감할 때 비로소 가능하겠죠. 멜러즈는 "세상에 자신과 여자의 관계를 드러내는 것을 두려워하는 마음"에서 좀처럼 벗어나지 못하지만, 그래도 코니와의 만남으로 용기를 얻어 그 공포를 떨쳐버리고 그녀와 함께 살기 위한 발걸음을 내딛습니다. 두 사람의 바람은 장차 농장에서 살아가는 것입니다. 서로의 이혼을 기다리면서 두 사람은 따로 살면서, 서로 '정결'을 소중히 합니다.

그러나 최근 그의 작품을 다시 읽어보니 로렌스는 확실히 케이트 밀레트[27]가 《성의 정치학》에서 지적한 대로 수정 남근중심주의Phallocentrism 의 표본이라는 생각이 듭니다. 그는 이 소설 전후에도 여러 작품을 썼는데 거기서는 "나는 남자다, 여자여, 페니스 앞에 고개를 숙여라"라고 하는 느낌입니다. 페니스가 하느님인 듯합니다. 페니스가 자기 존재 기반의 모든 것을 나타내는 남자, 그런 남자의 의식은 틀림없이 남근주의적일 것입니다. 동서양 문예비평가들은 "그가 결핵에 걸려 여자들에게 질 것 같아지자 그런 사고방식을 가지게 되었다"는 식으로 말하는 경우가 많았습니다만, 제가 보기에는 아무래도 그런 수준의 문제는 아닌 것 같습

---

27 Kate Millett (1934~1917). 1970년에 발표한 《성의 정치학》은 철학과 종교, 의학, 과학, 가족의 개념에 이르기까지 사회 각 분야와 제도에 뿌리 깊게 자리 잡은 가부장제를 파헤치고, '내부적 식민지화'를 통해 여성들이 가부장제 가치와 규범을 받아들이며 사회화되는 방식을 분석했다. 밀레트는 페미니즘 이론을 문학 연구에 적용한 최초의 학자로 평가된다.

니다. 그것은 이미 남자들의 무의식 속에 자리잡고 있던 것을 로렌스가 밖으로 끄집어낸 것에 지나지 않습니다. 남자들은 여자를 '모성'에 가두어 두려고만 해서 자신들도 언제까지나 페니스 신앙에 매달리지 않을 수 없게 됐습니다. 따라서 여성을 '모성' 신앙에서 해방시키고 자신들 또한 페니스 신앙에서 해방되는 것이 좋지 않을까 생각합니다.

이 물질문명을 구가하는 클리포드와 대조적으로 그려지고 있어야 할 산지기 멜러즈 역시 수정 남근주의에 지나지 않는다는 게 참으로 유감스러운 일이긴 하지만, 그래도 지금 일본의 신세대 남자들이라 불리는 사람들은 이제야 멜러즈가 생각하고 있던 지점에 도달한 게 아닐까 합니다. 그래서 코니가 작은 병아리의 생명을 가엾게 여기고 소중히 대했듯이 상대의 생명도 소중히 여기고 싶다, 생명 그 자체를 애틋하게 여기고 싶다는, 적어도 그런 소망을 품을 수 있는 단계에 도달한 게 아닐까요? 다만 멜러즈가 그랬던 것처럼 남자 안에 있는 페니스 신앙이나 '나는 남자다!' 같은 모습은 남자들이 앞으로 싸워나가야 할 커다란 당면과제가 되지 않을까 합니다. 단순한 문명비판으로 끝내지 않고 남녀 모두 자기 안에 내면화된 남성문화를 마주할 때, 거기로부터 비로소 새로운 여자와 남자의 관계가 시작되지 않을까 하는 생각이 듭니다.

섹스리스 현상, 남성의 페니스 환상으로부터의 해방

섹스하지 않는 커플, 섹스하지 않는 남자가 최근 증가하고 있다는 이야기를 자주 듣습니다. 그것은 이제 섹스의 형태로 사람과 관계하려고 하지 않거나 혹은 관계할 수 없게 되었기 때문이라고 말하는 사람도 있습니다. 하지만 저는 그렇게 생각되지는 않는군요. 오히려 남자들이 정복, 점거, 점령이라는 지배적인 남녀관계의 섹슈얼리티에서 한 발짝 벗어나 자연스러운 상태가 된 것은 아닐까 생각합니다.

인간이 서로 대등한 관계를 갖게 되면 어쩌면 섹스는 그다지 필요하지 않을지도 모릅니다. 남자가 페니스를 '남자다움'을 과시하거나 힘을 시험하거나 단순한 쾌락의 도구로서 사용하는 게 아니라 상대방과 서로 보듬는 자애의 연장선에서 사용하게 되었을 때 섹스 방식 그 자체도 달라질 것입니다.

섹스하지 않는 남자들이 늘어가는 것을 자연의 상실이라고 말하는 사람도 있습니다만, '자연'이라는 것은 저에게는 언제나 그 실체가 다른 의미로 변용된, 따옴표 붙은 '자연'으로 사실상 '문화'입니다. 지금까지 '자연'이라고 말해온 것들은 각인된 것이고 믿음이며, 습관이기도 합니다. 그러므로 지금은 오래된 '자연'이 죽고 새로운 '자연', 즉 문화가 형성되고 있는 과도기일지도 모릅니다. 페니스 환상이 지금까지 남자의 성을 만들어 온 것이라면 이제는 그 의미를 잃게 되어 어쩌면 남자들은 '남자다움'으로부터 조금씩 자유로워진 자연상태가 되어 가는 중 아닐까요? 다시 말해 '남자다움'이라는 획일적인 사회규범이 아니라 '자신다움'이라는 보다 자유로운 상태로 이행하고 있는 게 아닐까 저는 해석하고 있습니다.

'에로스'에 대한 해석만 해도 '남자와 여자가 서로 끌어당기는 장대한…'이라는 식의 환상이나 이미지가 만들어지기도 하지만, 그와 달리 코니가 손바닥에서 느꼈던 병아리 발바닥을 통해 전해지는 따뜻함 그 자체로 생각해 볼 수도 있습니다. 또, 자신과 상대에게 공통으로 흐르고 있는 불가사의한 생명에 대한 공감, 그것을 에로스라고 불러도 좋습니다. 에로스는 인간뿐만 아니라 동물이나 식물도 포함한 생명 그 자체에 대한 애틋함이겠죠. 그것이 성의 쇠퇴가 아니냐는 사람도 있지만, 저는 그렇게 생각하지 않습니다. 저는 제 자신에 대한 믿음이 있습니다. 제 생명의 불꽃이 제대로 빛나고 있다고 생각하고 또 저 혼자만 불타오르는 건 아닐 겁니다. 분명 다른 사람들도 그러리라고 생각합니다. 단지 낡은 유형의 섹슈얼리티가 빛을 잃어갈 뿐이라고요.

5장

억압의 고리, 어떻게 끊을까

남성사회의 대리집행인, 주부

요즘 전업주부들을 보고 있노라면 왜 저렇게 교육열에 불타는 걸까 의아한 생각이 듭니다. 제게는 그 열성이 어머니라는 역할을 완수하기 위해 꿈도 자기 인생도 포기해 버린 사람들이 자신들이 받아온 억압을 자식들에게 덧씌우는 것으로 보입니다. 자기를 키워나가는 대신에 그 에너지를 아이 키우는 데 쏟을 수밖에 없는 사람들 특유의 교육열 아닌가요? 자기 마음속을 착실히 들여다보고 인생을 설계하거나 자기를 성장시켜가기보다 남을 가르치거나 바꾸는 일에 몰두하는 편이 훨씬 손쉽고 편하니까요. 자신의 성장을 잊어버린 사람일수록 상대를 과도하게 지배하려고 하기 마련입니다.

일반적으로 가정에서 아이의 교육을 맡고 있는 쪽은 엄마입니다. 엄마는 남편으로부터 "좀 어떻게 해 봐!"라는 말을 듣고 애들을 호되게 야단칩니다. 혼나서 울거나 삐친 아이를 보고 아버지는 "불쌍하기도 해라. 그래그래, 네가 착한 아이가 되면 엄마가 화 안 내실 거야"라며 위로하는 역할, 즉 자신은 착한 역할을 연기합니다.

어린애들은 자기를 위로해 주는 아빠 같은 사람을 다정한 사람이라고 생각하는 반면, 꾸짖는 엄마는 항상 화만 내는 무서운 사람이라고 생각합니다. 엄마에겐 손해 보는 역할이 돌아오는 거죠. 이런 각본설정이 있는데도 불구하고 저의 어머니도 결혼해서 엄마가 되고 나니 자기가 미워하던 엄마와 똑같은 역할을 떠맡았습니다. 엄한 엄마를 싫어했으면서 당신 역시 똑같이 딸을 대하는 처지가 됩니다. 마치 자신이 어머니로부터 받은 처사에 대한 원한을 자식에게 풀고 있기라도 하는 것처럼 말이죠. 인과因果는 돌고 도는 법이죠. 이 보복의 고리는 아무래도 의식적으로, 지적인 방식으로 끊어내야 할 것 같습니다.

어느 가정이나 이런 구조가 있잖습니까? 남편이 아내에게 아이의 훈육에 대해 이래라저래라 말합니다. 아니면 사회나 매스컴이 자녀는 이런 식으로 키우고 훈육하는 것이 좋다고 말이죠. 이웃 사람들도 이러쿵저러쿵 이야기합니다. 그러면 피부양자 입장의 여자는 남편이나 세상 사람들과 다른 의견을 가질 수 없습니다. 의견을 달리하면 말다툼이나 더 큰 불화가 생길지 모릅니다.

지금까지 여성들은 남성사회에서 어떻게든 살아남기 위해 남성사회의 가치관을 고스란히 수용하여 내면화할 수밖에 없었습니다. 필사적으로 살아남으려는 여자일수록 현명한 여자라든가 제대로 된 사람이라는 말을 들으려고 남자의 사고방식을 배워서 자기화합니다. 그들은 그렇게 사는 것이 똑똑한 것이라고 여기며 살아왔습니다. 남성사회의 우등생들, 소위 현모양처라고 불리는 사람들이지요. 여성은 남성사회에 순응하여 그 가치관의 대리집행인이 되어갑니다. 집안에서 남자가 잠자코 너그러운 자세를 취하고 있을 수 있도록 여자가 미움받는 역할을 떠맡는 격입니다.

노예 상인 중 최상부에 있는 남자는 신사이며 가장 상냥한 듯 보입니다. 자신이 몸소 손을 쓰지 않아도 자신의 대리집행인이 혹독하게 다루거나 추궁해줄 테니까요. 노예 두목인 아버지는 들볶이고 있는 아이에게 "네가 조금만 엄마 말을 잘 들었다면 그렇게 혼나지 않아도 됐을 거야"라고 말 사탕을 줍니다. 군대도 마찬가지랍니다. 상병 같은 부류가 가장 혹독하고 장교쯤 되면 이미 너그러운 자세를 취하고 있습니다. 역시 상관은 다르다는 말이 나오게끔 인격이 갖추어져 있습니다. 지위가 낮은 남자일수록 초조하기 때문에 거들먹거리는 방식도 지독해지고 남의 눈도 의식하지 않게 됩니다.

가정도 군대에 비유할 수 있습니다. 남편이 장교고 아내가 군기반장 상병입니다. 교육에 극성인 요즘 엄마들은 대학까지 가서 남성 중심의 가치관을 몸에 익힌 우등생들이므로 교육에 열을 올리는 엄마일수록 남자들의 사고방식을 대변하고 대리집행을 하는 것이죠. 그렇기에 남자들은 자녀 교육을 전부 아내에게 맡기고 안심하고 회사에 가서 나 몰라라 하는 얼굴을 하고 있을 수 있습니다. 간혹 엄마에게 꾸중을 듣는 아이를 보고 "조금만 더 느슨하게 해줘"라고 말하며 좋은 모습을 보이면 되죠. 무슨 일이라도 생기면 자기가 아무 말 안 해도 사회가 앞장서서 "엄마가 잘못했다"라고 말해줍니다. 아버지가 부재하더라도 어머니가 남성사회 가치관의 대리집행인으로서 확고히 아버지 역할을 한다면 만사형통입니다. 가정이야말로 가부장적 멘탈리티를 배양하고 있는 문제의 온상이라고 생각합니다. 이를 자각하지 못하면 엄마들은 거기서 또 여자를 억압하는 그런 아이들을 재생산해 나가는 셈이 됩니다.

가정 안의 일은 은폐되어 있습니다. 지금은 가정폭력 방지법이나 아동학대 방지법이 생겨 남편이 아내에게 폭력을 휘두르거나 부모가 자녀를 학대하면 범죄가 됩니다. 하지만 얼마 전까지 가정이라는 곳은 치외법권이었기 때문에 남편이 처자식에게 폭력을 행사해도 경찰은 오지 않았습니다. 남편이 아무리 아내에게 폭력을 휘둘러도 '부부 싸움'이라는 말 한마디로 끝냈던 것과 마찬가지로, 어머니가 사랑의 이름으로, 훈육의 이름으로 아이를 엄하게 꾸짖고 폭력을 행사하거나 심리적으로 괴롭혀도 밖에서 보면 '엄한 부모'라거나 '부모의 훈육'으로 치부해버리고 아무도 아이를 구하러 와주지 않았습니다. 그 은폐된 공간에서 억압의 연쇄가 만들어지고 있는 것입니다. 아무리 법이 있어도 좀처럼 외부로부터 빛이 닿지 않아서 표면으로 드러나지 않는 가정폭력과 아동

학대가 있는 가정이 여전히 많이 있을 것입니다. 대가족의 경우는 여러 가지 의미로 긴장이 분산되지만, 지금과 같은 핵가족이라면 극단적으로 치달을 수 있습니다.

학교에서의 괴롭힘의 문제도 물론 학교나 사회가 잘못한 부분이 있겠지만, 지금 아이에게 가장 가까이 있는 엄마가 인간으로서 억눌려 있다는 문제를 간과해서는 안 된다고 생각합니다. 어쩌면 아내(여자)와 남편(남자)의 관계가 가장 큰 문제이지 않을까요? 가정에 남겨진 여자가 어떤 생각으로 하루하루를 보내고 있을까 말입니다. 가사나 육아를 하지 않는 남자에 대한 불만이나 삶에 대한 불만이 아이에게 그대로 쏟아지기 때문이지요. 직격탄을 맞은 아이는 그 기분을 부모에게 되돌려줄 수는 없으니 자기 안에 틀어박혀 버리고 스스로를 괴롭히거나 자기보다 약한 존재를 괴롭히게 됩니다. 몸이 커져서 부모에게 되돌려줄 수 있게 되었을 때 또 다른 가정폭력이 시작됩니다.

가정에는 온갖 문제들이 얽히고설켜 있습니다. 평화운동이나 봉사활동도 좋지만, 정말로 전쟁을 없애고 싶다면 사람의 마음을 형성하는 가정이라는 공간에서 군대와 같은 구조를 없애나가는 것, 가정 내 민주화를 도모하는 것, 즉 남편이 아내를 군기반장으로 만드는 관계를 바꾸어 갈 필요도 있습니다.

사랑의 이름으로 행해지는 괴롭힘

이렇게 생각해보면 지금 전업주부라는 사람들이 정말 다정한 사랑으로 아이를 키울 수 있는 사람들이냐 하는 것에 의문이 생깁니다. 다정하게 할 요량이었지만, 짜증과 미움을 숨긴 부드러운 목소리였을지도 모릅니다.

애초에 어머니 자신이 자기 세계를 즐길 수 없는 상황에 놓여 있고 거기다 자립 체험도 없다면 아이의 자립과 자율성도 믿을 턱이 없습니다. 그래서 아이를 내버려 두지 못하고 괜스레 걱정합니다. 자기를 못 믿으니까 아이도 믿지 못합니다. 불안해서 보고 있을 수가 없습니다. 이러쿵저러쿵 일거수일투족을 일일이 잡아주며 뒷바라지하고, 항상 뭐라고 한마디 해야 직성이 풀립니다. 성가시게 굴고 가만히 있질 못합니다. 결국 아이를 온통 끌어안고 살아야 안심할 수 있다고 착각하고 맙니다.

이 사회에서 여자가 아이를 자기 품에 '품고 사는' 가장 주된 이유는 여자에게는 아이밖에 없기 때문입니다. 아이라는 것이 유일하게 자신이 낳았고 자신의 몸에서 나온 자기 것이라는 의식이 있기 때문에 '품고 사는 것'을 넘어 이래저래 아이에게 '매달리고' 맙니다.

그 지경까지 여자들은 내몰리고 있다고 봅니다. 하지만 매달리면 매달릴수록 자녀 교육은 잘 안되고 아이들도 귀찮아하니 여자는 설 자리가 없습니다. 그래서 적어도 부모를 멀리하지 않는 아이로 키우려고 하지만, 부모를 떠나지 못하는 아이는 결국 자립하지 못하고 줏대없는 인간이 되고 맙니다. 여기서 또 억압된 자아를 가진 인간이 한 명 더 탄생하게 되는 것입니다.

한 인간으로서 제대로 살아보지 못한 사람일수록 그 사랑은 지배가 됩니다. 남을 몽땅 집어삼키지 않으면 직성이 풀리지 않는다고 해야 할까요? 먹어도 먹어도 부족한 것 같은 무언가가 있기 때문입니다. 자기 인생을 있는 힘껏 살아보지 못한 사람은 남을 괴롭혀야만 자기가 살 수 있습니다. 그런 사람의 훈육이 바로 괴롭힘이 된다고 봅니다. 사랑의 이름으로 이루어지는 훈육이 사랑이라는 이름의 지배가 되어버리는 것입니다. 어디선가 감정의 흐름을 바꾸지 않는 한 이 괴롭힘의 구조는 사랑의 이름 아래 숨어서 계속 살아있게 됩니다.

억압의 태엽을 연애로 풀다

어느 시기까지 저는 여자를 싫어했습니다. 제 스스로가 여자인 제 자신을 좋아하지 못했기 때문입니다. 부모로부터 "여자답게 굴라"는 말을 듣고 세상으로부터도 암묵적인 압박을 받아서, '여자다워' 지려고 노력하면 할수록 작고 비굴하고 답답해지는 자신을 느꼈습니다. 점점 자의식과잉이 되어 일거수일투족이 삐걱거렸습니다. '여자다움'에서 멀어질 것 같으면 '저렇게 하면 안 돼. 이렇게 말하면 안 돼'라고 내 안에 자리잡은 어머니의 목소리나 세상 사람들의 눈에 끊임없이 감시당하고 저지당했습니다. '아, 또 여자답게 행동하지 못했네'라고 날마다 밤잠을 이루지 못할 정도로 괴로움을 느꼈습니다. 그런 의미에서 저는 어느 시기까지 정말로 모범생이었던 것 같습니다.

이렇게 억압된 자아는 달마상 같은 겁니다. 손도 없거니와 발도 없죠. 눈은 남이 그려줍니다. 공연히 쓸데없는 말을 했다가는 화를 자초하니 더 이상 아무 말도 하지 않습니다. 하고 싶은 말을 하면 건방지다고 혼나기 때문에 마음먹고 무슨 말이라도 할라치면 감정이 고조되어 금방 울먹이는 소리를 내고 맙니다. 평소에는 말을 들어주지 않기에 어쩌다 들어 준다고 생각되는 순간, 초조함과 기쁨이 교차하면서 결국 지리멸렬해집니다.

이렇듯 어릴 적 어머니와의 관계에서 억압받았던 나의 자아는 달마상이 된 채 20대, 30대까지도 내 안에서 두고두고 계속 맴돌았습니다.

하지만 언제부턴가 저는 '뭔가 이상하다, 왠지 자유롭지 못하다, 내가 내가 아닌 것 같다, 손발이 다 접혀져 있는 듯' 한 느낌을 받게 되었습니다. 그래서 '자유로워지고 싶다, 그러기 위해서는 나를 바꿔야겠다'고 제 나름대로 여러 가지 노력을 하게 됩니다.

저는 10대 후반부터 현재에 이르기까지 연애만 줄곧 해왔네요. 제가 왜 연애로 방황해야만 했을까요? 이런저런 이유가 있지만 지금 생각해보면 우선 내 안에 있는, 뭐가 뭔지 잘 모르는 괴로움에 출구를 내주고 싶었고, 그러지 못하더라도 최소한 대강의 윤곽이라도 잡아보고 싶었던 것과 무관하지 않은 것 같습니다. 내 안의 자유롭지 못한 부분을 해방시켜 주고 싶다, 바꿔 말하면, 팽팽하게 감겨진 억압이라는 태엽을 느슨하게 풀어주고 싶다, 정도 될까요? 긴장을 풀고 쉬고 싶었다, 자기 자신이 되고 싶었다, 나라는 인간의 감촉이 갖고 싶었다, 그런 것이었을 거라고 생각합니다.

왜 나 자신을 알려고 그렇게 필사적이었냐면, 내가 이렇게 하고 싶다, 이렇게 있고 싶다고 생각해도 그 방향으로 갈 수가 없었기 때문입니다. 뭔지 잘 모르겠지만, 내 안에서 발목을 잡는 것이 있었습니다. '어째서 이런 남자를?' 하면서도 그 남자에게 끌리죠. '뭐야, 이런 쓸데없는 일을?' 하면서도 그 일에 집착합니다. 왜 그럴까? 난 이쪽으로 가고 싶은데 저쪽으로 가버리고, 저쪽으로 가고 싶은데 이쪽으로 와버리고 마네요. 좋아하는 사람일수록 자신의 기분을 솔직하게 말할 수 없다든가, 어떤 상황이 되면 항상 늘 같은 반응을 해서 싸움이 돼버린다든가, 뭔가 제 마음가짐에 항상 비슷한 패턴이 반복된다는 것을 깨달았습니다. '왜 그럴까? 어째서 나는 이 모양일까' 하고 괴로워하고 의아해하면서 연애를 거듭해 갔습니다. 연애하며 사는 것이 결과적으로는 나를 바라보고 알아가는 귀중한 수단이 되었던 것이죠.

사랑과 증오의 대리전이었던 나의 연애

그중에서도 십여 년 전에 끝난 연애가 가장 극적이었습니다. 지금 생각해보면 제가 현재 여기 이렇게 있기 위해서 없어서는 안 될 만남이었다는 의미에서 저는 그것을 숙명적 연애라고 부르기도 합니다.

이 숙명적 연애를 하면 인간은 궁극적으로는 상대방에게 살의까지 품게 되는 게 아닐까 싶습니다. 물론 상대방도 나에 대해 마찬가지겠죠. 이런 연애는 이를테면 '대리전쟁'인 것입니다. 연애를 하면서 상대방에 대한 생각이 깊으면 깊을수록 상대방은 과거에 자신과 가장 가까웠던 사람에 근접해갑니다. 과거에 자신과 가장 가까운 사람이란 건 예를 들어 아버지나 어머니일 수도 있고, 또 제 경우는 남동생도 해당합니다.

그 사람들과 맺은 관계가 좋았고 즐거웠다면 문제가 없을지도 모르겠습니다. 그런데 예를 들어서 부모님한테 늘 얻어맞기만 하다가 어른이 돼버렸다든가, 누나한테 구박만 받다가 어른이 돼버렸다든가, 스스로도 잘 이해가 안 되는 두려움이라든지 원망, 굴욕감 등을 그대로 두고 어른이 되어 버린 경우가 문제입니다. 사람은 그 기억 자체는 잊어도 그랬던 체험은 강렬하기에 때로는 트라우마가 되어 마음속 깊이 뿌리박힙니다. 트라우마는 그 실체가 완전히 드러날 때까지 그림자처럼 그 사람의 인생을 따라다니고 의식적으로 컨트롤 할 수 없는 상황이 만들어지게 됩니다. 어른이 되고 나서 무의식중에 그런 과거를 재현해서 인생의 어디쯤에서 그 장면을 다시 살아버리고 맙니다. 사람을 죽인 사람이 반드시 살해 현장으로 돌아간다고 하는 심경과 어딘가 비슷할지도 모르겠습니다.

사람들은 과거에 자신이 무엇을 했는지 혹은 당했는지, 두려움이나 굴욕감의 실체를 알고 싶어 합니다. 그럼으로써 자신이 어떤 내력의 인간인지 알고 싶은 것이라고 생각합니다. 연애 상대를 선택하는 경우에도 무의식중에 그 목적에 맞는 상대를 고르고 있을지도 모릅니다.

연애하는 중에 다시 한번 과거와 똑같은 상황에 자신을 놓음으로써 자신을 억압했던 사람의 기분과 또 그때의 자신의 기분을 알아내려고 하는 게 아닐까요? 그럴 경우, 상대방은 어딘가 그리운 느낌의 사람이곤 합니다. 이렇게 해서 무의식중에 연애 상대를 과거에 자신이 싸웠어야 마땅할 상대라고 간주하고 싸우는 대리전쟁이 벌어지게 됩니다.

'아, 그렇구나, 나는 이 남자를 통해서 사실은 내 어머니와 싸우고 있었구나'라는 걸 알게 되었을 때 비로소 저는 모든 것이 이해가 되면서 그 연애에 종지부를 찍을 수 있었습니다. 그 사람에 대한 집착이 싹 가시게 된 거죠. 그와 관계를 맺고 있던 과정에서 너무 괴로운 나머지 왜 이 남자를 선택했는지, 왜 이 남자와 싸우고 있는지 계속 되묻는 사이에 그 남자의 사랑의 방식이 사실은 우리 어머니와 너무 많이 닮았다는 것, 그 남자의 나에 대한 억압이 어머니가 나에게 가했던 억압과 본질적으로 똑같은 것이었음을 깨달았습니다. 그렇구나, 나는 이 남자를 '가상의 적'으로 삼고 있었구나, 이 남자와 싸우는 것은 나에게 있어서 어머니로부터 받았던 억압으로부터 해방되기 위한 하나의 수단이었구나. 그와 사귀기 시작한 지 5년이 지나서야 그 사실을 알게 됩니다.

연애를 하면 아주 구체적으로 과거가 재현되곤 합니다. 친밀감이 더해져 유아기로의 퇴행 현상까지도 유발합니다. 어쩌면 과거에 대한 그리움이 상대방에 대한 애정으로 이어진 게 아닌가 하는 생각마저 들 정도입니다. 이른바 기시감 체험이겠네요. 그저 내 방식대로 상대방을 유도해서 그런 상황으로 끌고 가는 걸지도 모르겠습니다.

남자는 여자보다 '신분'이 높기 때문에 여자에 대한 사랑이나 애정이 일반적으로 여자를 자기 것으로 소유하는 형태가 되는데, 이는 곧 억압이 되기도 합니다. 그때 남자는 나에게 명령하는 사람, 관리하는 사람의 모습을 띱니다. 저는 그 남자와 맞섭니다. 어린 시절의 저는 무서워서 어머니에게 대적할 수 없었으나 이제 그에게 대항함으로써 일찍이 어머니와의 관계에서 잃었던 자신감을 되찾을 수 있었습니다.

이렇게 그와 싸움으로써 사실은 어머니와 싸워서 해결했어야 했던 문제를 그 남자를 통해서 해결해 나가게 됩니다. 제 경우 연애는 그런 '대리전쟁'이었던 셈이죠. 증오와 사랑, 적과 아군이 교차하는 오랜 싸움이었습니다. 우리는 밖에 나갔을 때는 같은 편이 될 수 있었지만, 둘이서 마주하고 있을 때는 먹느냐 먹히느냐의 치열한 싸움을 했습니다. 자신이 때린 상대를 꼭 안아주는, 또는 꼭 안기는 그런 사랑이었던 것 같습니다.

자립한 남녀 사이의 순수한 힘겨루기

상대에게서 어머니를 보고 싸웠다는 걸 알게 된 그 연애 상대는 영국인이었고 바틱(밀랍염색) 아티스트였습니다. 제가 영국에서 두 번째 유학을 하고 있을 때 알게 됐습니다.

영국은 일본보다 페미니즘이 잘 정착해 있는 이유도 있지만, 무엇보다도 로빈슨 크루소를 배출한 나라답게 그는 자신의 일은 전부 스스로 했습니다. 청소, 취사, 세탁은 물론이고 냉장고 안에 무엇이 있고 없는지도 정확히 봐두는 스타일이었습니다. 서투나마 요리 레파토리도 있고 부엌은 정기적으로 모양을 바꾸기도 하고 식기나 가구 등도 자기 취향으로 모두 갖추곤 했습니다. 도배도 하고 커튼도 바꿀 줄 알았고 롤 스크린에 직접 그림을 그리기도 합니다. 물론 자기 옷은 다 자기가 코디합니다. 게다가 그는 전에 함께 살던 여성과의 사이에 태어난 남자아이를 키우고 있었습니다. 그녀는 같은 집 3층에 살고 있고 낮에는 일하러 나갑니다. 그래서 직업상 집에 있는 경우가 많은 그가 학교에서 돌아온 아들을 돌봅니다. 자립도로 말하자면, 웬만큼 집안일 좀 돕는다고 말하는 남자들과는 차원이 다릅니다.

그런데 그와 저 모두 생활적으로나 경제적으로 독립적이라 이른바 '남자는 팬티를 (빨고), 여자는 빵을 (벌어라)'[28]식의 문제는 거의 해결되어 있었기 때문에 두 사람 사이에는 오히려 더 순수한 형태의 남녀 간 힘겨루기가 분명하게 드러납니다.

그는 자기 뜻대로 살고 싶고, 나도 내 마음대로 살고 싶어 합니다. 연극 한 편 볼 때도 그는 자신이 선택한 연극을 보고 싶어 하고, 나도 내가 고른 걸 보고 싶어 합니다. 차라리 따로따로 가는 게 낫겠다고 말하면, 떨어지기 싫다, 같이 가고 싶다 합니다. 그럼 다른 하루를 더 잡아서 둘 다 보기로 하면 어떨까 해도 이번에는 돈이 없다, 시간이 없다 등 결론이 나지 않죠. 연극 하나 정하기도 참으로 힘든 일입니다.

보통은 어느 한 쪽이 조금 양보하면 해결됐을지도 모릅니다. 일본 남성이었다면 깨끗이 양보해 줬을 수도 있습니다. 그리고 저도 다른 사람과의 경우라면 그렇게 할 수 있었을지도 모릅니다. 하지만 어찌 된 영문인지 그와의 경우는 그렇게 되지가 않았습니다. 여기서 양보하면 끝장이라는, 그런 오기가 생겼습니다. 싸움으

28 저자가 〈비트 다케시의 TV태클〉 출연 당시 내세운 대표적인 캐치프레이즈로 여성도 일을 갖고 남성도 가사노동을 해야 한다는 취지의 표현이다.

로써 균형을 지켜온 온 두 사람의 관계가 그 의미를 잃게 될지도 모른다는 생각이었을까요?

그는 내 방의 커튼 색깔부터 내가 입을 옷과 음식까지 그의 의견대로 관리하려고 했습니다. 우리는 기본적으로 세상을 대하는 방식은 일치했지만, 취향에는 차이가 있었습니다. 제가 혼자 나다니거나 친구와 만나거나 하는 것도 그는 그다지 호의적으로는 보지 않았습니다. 옛날의 저였다면 그걸 사랑으로 착각했을지도 모릅니다. 확실히 사랑이긴 합니다만 당시의 저에게는 구속이라고 느껴지는 측면이 많았던 것 같습니다. 그래서 싸움이 잦았습니다.

이런 일도 있었습니다. 제 방에서 일을 하고 있는데 그가 불쑥 들어옵니다. 들어오기 전에 노크를 하라고 말해도, 갑자기 보고 싶어졌다며 일부러 오기를 부리고 여전히 노크하지 않고 들어옵니다. "네가 보고 싶으니까"라고 말함으로써, 제멋대로의 행위를 사랑의 이름으로 정당화하려고 합니다. 내 쪽에서 보자면 그렇게 방에 들어오고 나면 그 이후의 시간은 쓸 수가 없게 됩니다. 집중력을 되찾기까지 시간이 걸리기 때문입니다. 저는 제가 하는 일이 일단락되어도 상대가 몰두해서 일하고 있는 것 같으면 방해하지 않습니다. 하지만 그는 '사랑하면 괜찮다'라는 식이어서 제 일을 존중하려고 하지 않았습니다. 여기에는 명백하게 여성 멸시가 들어 있습니다. 또 그는 제가 무언가에 열중하는 걸 싫어하는데 그럴 때는 어리광이라는 형태로 지배하려 합니다.

보통 여자는 남자의 그런 점을 좋아할 것이라는 기대가 있을지 모르겠지만 저는 좋아할 수 없었습니다. 저는 제 생활을 지키고 싶고 저의 시간을 확보하고 싶었습니다. 그와 함께 있는 시간만큼이나 저 혼자 있는 시간을 소중하게 생각했습니다. 그런데도 남자는 자기 기분이 들뜨는 대로 행동에 나서는 것이 아름다운 것이고, 그게 사랑인 것처럼 착각합니다. 제멋대로 굴고 지배하는 걸 사랑으로 바꿔치기하는 것 같았습니다.

서로에게 제멋대로 굴거나 어리광을 부리고 침범하는 것조차도 연인 사이에서는 허용될 수 있습니다. 그런 것이 사랑이고, 그래서 연인인 거겠죠. 하지만 그것이 일방적이라면, 한쪽만 항상 참아야 하는 상황이라면, 왜 함께 있어야 하는지 알 수 없게 됩니다. 저의 소중한 것을 소중하다고 인정해주는 그런 대등한 관계가 아니라면 제 쪽의 생활은 흔들립니다. 어렸을 때 자기만의 집을 갖고 싶었던 기억이 떠올랐습니다. 나 스스로를 위해서 밖에다 업무용 방을 빌렸습니다. 그런데 너무 불편하더군요. 내 집에서 마음대로 내 세계를 살고 싶다, 시간과 공간을 마음껏 내 것으로 하고 싶다는 생각이 그때 정말 절실했습니다. (졸저 《히로인은 왜 죽임을 당하는가》에서 영화 〈참을 수 없는 존재의 가벼움〉에 대해 쓴 글도 참고로 읽어주세요.)

상대에 대한 집착은 곧 나에 대한 집착

그 영국 남자와 사귀면서 언뜻 보기에 사소한 것에까지 왜 그렇게 예민하게 반응했던 걸까요? 아마도 제 안에서 과거의 억압을 추체험하고 있었기 때문이라고 생각합니다. 별일 아닌 일에도 그가 저를 좌지우지하려고 하면 저는 민감하게 반응했습니다. 이유를 따져볼 것도 없이 생리적으로 거부반응을 보였습니다. 그때까지 억눌려왔던 에너지가 고스란히 되살아난 느낌이었습니다. 사랑의 이름으로 이루어지는 나에 대한 그의 언행 하나하나가 무의식의 영역에 가라앉아 있던 과거 억압의 경험을 자극하는 것이었기 때문에 오히려 저는 양보하지 않았고 그의 지배를 용납할 수 없었다고 생각합니다. 그 억압의 핵심은 자신의 의지를 관철시키려는 지배력인데, 그것은 마치 상대를 보이지 않는 가느다란 핀으로 꿰뚫어서 그 자리에 박아 버리는 듯한 느낌입니다. 핀에 고정된 나비는 아무리 바둥거려도 도망가지 못하고 서서히 신경이 죽어갑니다.

눈에 보이지 않는 그의 핀에 제가 휘둘리게 된 것은 바로 저에게 그걸 느낄 수 있는 어떤 기질과 경험이 축적되어 있었기 때문입니다. 저에게 억압에 민감하게 반응하는 인자가 없었다면, 또 제가 그를 사랑하지 않았다면 그런 것쯤 예사로 여기고 대범한 척 웃어 넘겼을지도 모릅니다. 아니다 싶은 상황에서는 태연히 상대를 뿌리쳤을지도 모르지요. 그렇지만 저에겐 억압에 반응하는 어떤 기질이 있었기 때문에 자석처럼 그 핀을 끌어당겨 버렸던 겁니다.

그 사람은 그 사람대로 저를 나비처럼 핀으로 고정시켜 버릴 수밖에 없는 그 무엇을 마음속에 간직하고 있었습니다. 단지 남자라서가 아닙니다. 저를 지배하려고 하면 할수록 그는 자기혐오에 사로잡혀 초췌해져 갔습니다. "이제 그만하자!"라며 서투른 타협을 하려는 저에게 증오를 쏟아내기도 했죠.

그가 저를 억압할 수 밖에 없었던 내적 충동 역시 그의 성장과 관련이 있었습니다. 제가 그 사람 속에서 제 어머니를 보고 있었던 것처럼 그도 역시 제 속에서 자신의 어머니를 보고 있었다는 것을 나중에 알게 되었습니다. 그래서 여자와 남자로 만나면서도 저마다 어린 시절에 해결되지 않은 채 떠안고 있던 문제들을 상대방과의 관계 속에서 재현하고 추체험하고, 그렇게 해서 자신을 회복하려고 했던 것입니다. 저 같은 경우에는 우연히 연애 관계 속에서 나타났지만, 경우에 따라서는 상사와 부하와의 관계에 투영될 수도 있고, 그 방식은 가지각색이라고 생각합니다.

해결되지 않은 채로 있던 엄마와 딸의 관계, 혹은 엄마와 아들의 관계는 그 뒤에 이어지는 다양한 타인과의 친밀한 관계 속에 차례차례 쿠로코[29]처럼 튀어나와 그 관계를 조종하게 됩니다.

---

29 黒子. 일본의 전통 연극 가부키와 인형극 분라쿠 등에서 검은색 옷 등으로 온몸을 가리고 배경물을 움직이거나 인형을 조종하는 사람.

인과는 돌고 돕니다. 억압이라는 건 가계도를 타고 내려옵니다. 사람은 어디선가 대상을 발견하고 자신의 과거를 다시 한번 거기에 투영해서 다시 살아보고 싶어집니다. "한번 노린 상대는 놓치지 않는다"는 말처럼 그냥 상대에게 고집하고 있는 것으로 보여도 사실은 자신에게 집착하고 있는 건지도 모릅니다. 나와 상대방과의 관계에 과거에 중단됐던, 어렸기에 완전히 수동적이고 대등하게 맞서지 못했던 누군가와의 관계를 투영하여 그 귀결 지점을 보려고 하는 것입니다. 그렇게 돌아가는 판이 보이기 시작했을 때 비로소 저는 그의 지독한 처사를 용서할 수 있었던 것 같습니다. 그리고 거리를 두고 냉정하게 그와의 관계를 생각할 수 있게 되었을 때 안심하고 헤어질 수 있었습니다. 상대는 뭔가 전우처럼 느껴져서 이제 그 사람과는 언제까지고 아주 좋은 친구로 지낼 수 있게 되었습니다.

그와의 싸움을 통해 저는 어머니와 대등하게 자기주장을 할 수 있도록 자신을 단련해 간 느낌이 듭니다. 거기에 도달하기 전까지는 정말로 괴로웠지요. 내가 내가 아니고 손과 발과 머리가 따로 노는 것 같고, 삶에 초점이 조금도 맞지 않았습니다. 그것이 몸으로 나타나 건강도 계속 안 좋았습니다. 그와의 이른바 '연애'가 끝나고 제 나름대로 납득도 하면서, 거기서부터 홀가분하게 벗어날 수 있게 된 것은 마흔여섯이 되었을 때입니다.

그 이후로 여성 전체에 대해 혐오감을 품는 일은 없어졌고 여자를 믿을 수 있게 되었습니다. 제가 어머니와 화해를 했기 때문이지요. 어머니와의 화해라는 게 악수하고 "엄마! 그럼 이제 함께 해요"라고 말했다는 게 아니지요. 어머니를 나와 똑같이 억압을 받고 괴로워해 온 한 여자로서 마음속 깊이 이해할 수 있게 되었다는 것입니다.

왜 우리 집에 와서까지 커튼 여는 법부터 밥그릇 놓는 자리까지 왈가왈부하는 걸까, 왜 '내가'라고 말하지 않고 '세상이'라고 말하는 것일까, 왜 나를 그렇게 좌지우지하고 달마상으로 만들어 버렸을까, 왜 아버지가 돌아가시자 갑자기 이해력이 좋아지신 것일까… 그랬던 모든 의문들을 제 나름대로 이해할 수 있게 되었습니다.

물론 그때까지도 어머니 말씀은 여전히 잘 안 듣고 불평도 했지만, 그래도 저는 마흔 살이 넘도록 어머니에 대해 정면으로 반대할 수가 없었습니다. 요즘 젊은 사람들은 "엄마, 아무리 그래도 그런 말씀 하시면 곤란하죠"라고 친구처럼 편하게 말하더군요. 하지만 제 어머니는 워낙에 매를 들었던 사람인지라 저는 길들여진 사자나 표범처럼 욱해서 으르렁거리기는 할망정 채찍만 봐도 조건반사적으로 "네" 하고 넙죽 엎드리곤 했습니다. 어머니가 무슨 요구를 하시거나 제가 하는 일에 반대를 외치실 때면 아무리 싫어도 "네" 하고 숙여버립니다. 그런 모습을 바꾸느라 정말 힘들었습니다. 어머니에 대해 반대 의견을 말할 때는 우선 눈물이 글썽거리고 맙니다. 먼저 감정이 나와 버려서 말을 못하게 되는 것이죠. 그것은 순조롭지 못했던 연인과의 관계와 비슷했습니다.

그와의 연애가 지나고 저 스스로 여러 가지 경험을 하고 있을 즈음, 어머니가 저의 결단에 대해 "그런 바보 같은 말을 하면 세상이 어쩌구 저쩌구"라는 식의 말을 하며 정면으로 반대한 적이 있었습니다. 그때 난생처음으로 저는 제 할 말을 할 수 있었습니다. "엄마, 이건 내 문제고 내가 결정한 거니까 내버려 둬"라고요.

저는 어머니의 '세상운운'하는 표현법이 신물이 날 정도로 싫었습니다. 어머니가 세상을 들먹이며 저를 통제하려는 것을 비열하다고 생각했습니다. 왜 "나는"이라고 자기 책임 하에 말 못하는가, 호랑이의 위세를 빌리는 여우잖는가, 하는 생각이었습니다. 하지만 그때까지 저는 어머니의 그 말을 이겨낼 수 없었습니다. 어머니에게 원격조종을 당하고 있었던 것이죠. 그래서 그 한마디를 말할 수 있었을 때, 왠지 거기로부터 훅 빠져나올 수 있었습니다. 그제야 어머니의 굴레에서 벗어나 자기결정권을 손에 넣은 것입니다. 어머니도 바보가 아니므로 그 이후로는 '앗, 이제 채찍은 휘두를 수 없지'라고 생각한 것이겠지요. 부쩍 달라지셨습니다. 저에 대한 어머니의 지배도 한계 지점에 와 있었나 봅니다.

제가 울거나 웃지 않고 제대로 자기 의견을 말할 수 있게 되었을 때, 어머니는 치켜들었던 매를 내리셨습니다. 그때 이후로 어머니와 대등하게 어울리고 이야기할 수 있게 되었습니다. 그러자 지금까지 보이지 않았던 어머니의 인간으로서의 여러 면모를 볼 수 있게 되었습니다.

불행의 패턴을 넘어서기 위한 테라피

여성이 해방되고 싶다면, 혹은 남편이나 자식과의 관계를 개선하고 싶다면 역시나 자기를 키워준 부모와의 관계를 제대로 아는 것이 중요합니다. 그건 자신을 알기 위한 아주 중요한 프로세스라고 생각합니다. 자신감 넘치면서도 겸손하고 명랑하게 살기 위해서는 있는 그대로의 자신을 받아들여야 합니다. 늘 다른 사람에게 위로받거나 정신적인 헌신을 받지 않고도 스스로 자신을 수용하고 키울 수 있는 상태가 되어야 비로소 남을 용서하고 받아들이고 사랑할 수 있다고 봅니다. 자신을 더욱더 많이 알아야 합니다. 자신을 알게 되면 가령 연애를 해도 왜 자신이 그 사람을 좋아하게 되는지 어렴풋이 짐작이 가기도 합니다.

처음에는 그냥 사람을 좋아하게 되는 단계가 있고, 그 후 몇 번이고 연애를 반복하고 시간이 흐르는 사이에 자신이 사람을 좋아하게 되는 방식에 패턴이나 비슷한 유형이 있다는 것을 깨닫게 되면서 이래저래 자신을 알아가게 됩니다. 그걸 모르면 연애를 끝내는 법도 깔끔하지가 않습니다. 상대를 원망하기도 하고, 나를 버렸다고 비난하는 그런 수준으로 끝나 버릴 수 있지요. 그런 수준으로 끝나지 않도록 외국처럼 테라피(치료요법)가 좀 더 활발해지면 좋겠습니다. 그것이 지금 매우 필요합니다.

상담 프로그램 같은 걸 보고 듣다 보면, 불행이나 불운을 한탄하는 여성들 중에는 불행해질 수밖에 없는 패턴대로 살아버리는 사람이 있다는 걸 알게 됩니다. 한 번 버림받고, 다음에 남자를 만날 때 또 같은 유형의 남자를 선택하고, 그 결과 같은 종류의 불행을 되풀이하고 말죠. 그런 사례들이 많이 있습니다.

보통 사랑을 할 때 왜 그 사람에게 끌리는지는 좀처럼 알기 어렵죠. 하지만 끌린다는 것은 거기에 무의식의 요소가 많이 포함되어 있기 때문입니다. 가령 자기가 자라나면서 어떤 문제를 길동무삼게 되었는지, 아버지나 어머니나 형제자매와는 어떤 관계였는지, 누구에게 어떻게 키워졌는지, 누구와 어떤 관계를 맺고 있었는지, 어떤 것에 충격을 받았는지, 어떤 일 어떤 사람에게 마음이나 몸에 상처를 입었는지 등등 말입니다. 망각의 저편에 가라앉아 있을지도 모르는 과거를 다시 한번 상기하고 그때의 기분을 다시 음미해 보면서 어른이 된 자신이 스스로 납득하는 과정이 필요합니다.

그렇게 해두지 않으면 과거는 언제까지고 저 아래에 침잠해 있으면서 현재의 자신에게 반복적으로 닥쳐오는, 몇 번이고 똑같은 불행을 초래하는 것입니다. 예를 들어 부모로부터 매몰찬 취급을 받은 사람은 왜 그런지도 모르는 채로 자신이 받은 것과 똑같은 방식으로 소중한 연인이나 아이를 매정하게 대하기도 합니다. 그런 사람들을 보고 있노라면 일본에도 테라피가 보편화된다면 적어도 반복되는 불행은 피할 수 있을 텐데 하는 아쉬운 마음이 듭니다.

연애나 결혼은 상대방과의 관계가 진지할수록 자신의 성장사 같은 것이 파헤쳐져 드러나게 됩니다. 영국이나 미국에서는 인간관계가 잘 안될 때나 연애가 끝났을 때, 또는 이혼할 때 등 꼭 테라피를 받고 자기 분석을 하는 사람이 늘고 있습니다. 그럴 때마다 사람은 조금씩, 마치 자기 몸을 알아가게 되는 것처럼 자기 마음을 알아가는 것이죠. 그런 사람들은 인간에 대한 깊은 통찰력을 키웁니다. 사람들 각자가 자기 자신에 대해 상냥한 부모이자 동시에 전담 카운슬러이기도 하다는 느낌마저 듭니다.

'여자다움'으로 인해 쪼그라든 일본의 여성들뿐만 아니라, 이제는 오히려 〈나는 남자다!〉[30]와 같은 '남자다움'의 갑옷을 껴입고 부드러운 자신을 억압해 버리고 있는 일본의 남성들도 더욱더 자신을 알 필요가 있습니다. 테라피 같은 걸 받는 것도 하나의 방법이겠죠.

이혼했을 때나 애인과 헤어졌을 때, 남자들은 자신이 잘못했다든가 자신이 이상한 게 아닐까 하는 생각은 그다지 하지 않지요. '어휴! 저 여자' 같은 느낌으로 가지 않나요? 인간관계가 나빠지면 대개 여자 쪽이 자신을 책망합니다. 아이가 비행을 저지르면

30 츠쿠모 무츠미의 만화를 원작으로 하는 모리타 켄사쿠 출연의 1971년~1972년 방영된 텔레비전 드라마. 본래 유서깊은 여고여서 남학생이 적어 여학생이 주도권을 잡고 있는 학교에 전학 온 주인공 코지가 학교에서 '여성해방' 타도를 위해 남학생을 모아 검도부를 결성하는 것으로 시작하는 청춘 학원물.

남편은 곧바로 아내를 나무라고 아내도 "내가 잘못했다. 파트타임 따위 하지 말았어야 했는데"라고 말이죠.

어찌 된 영문인지 사회적 입장이 미약하거나 억압받는 사람일수록 죄의식이 왕성해서 자주 자신을 책망합니다. 아무리 상대방한테 얻어맞아도 '맞는 내가 잘못했겠지'라고 말이죠. 헌신하는 게 여자라고, 참는 게 여자의 역할이라고 여성들은 그렇게 가르침을 받아왔기 때문입니다. 내조를 잘못해서 남자가 바람을 폈다든가, 제대로 보필하지 못해서 저 사람이 나를 때린다든가, 그런 식으로 되는 것입니다. 더 참혹한 사례는 '저 사람이 나를 때리는 것도 나를 사랑하기 때문이야'라는 생각일 겁니다.

여자들은 이 세상에 버젓이 자리잡고 있는 여성차별의 구조를 몰랐고, 따라서 자기가 처한 상황이 부당하다는 의식도 없었기 때문에 계속 그렇게 참아내며 출구 없는 고통에 시달려 온 것이 아닐까요. 고통을 해소하기 위해 종교에 뛰어든 사람도 있겠죠. 다만 불교든 기독교든 그 원점에는 여성차별이 있습니다. 가뜩이나 억압받는 여성이 여성 멸시를 품고 있는 종교에 매달리지 않을 수 없게 되는 것도 참으로 얄궂은 이야기입니다.

어쨌든 사람들은 힘들어지면 종교가 됐든 철학이 됐든, 무언가의 지혜에 매달려 자기를 알려고 한다든지 마음의 결단을 내리려 한다든지, 그렇게 자신을 위로해 왔습니다. 현모양처의 규범대로 살고 있는 아내는 남편의 외도에 애를 태우고 더욱더 현모양처가 되려고 노력하지만, 차오르는 울화를 가라앉히지 못합니다. 신에게 의지해서 남편이 바람을 피우지 않게 해달라고 소원을 빌거나 열심히 기도하며 남편에게 미움을 받지 않기 위해 자신의 결점을 고치는 한편 인내심을 가지려 합니다.

하지만 지금까지의 이야기를 읽어보신다면 그런 일을 해봤자 조금도 문제는 해결되지 않고 여자는 울다 잠들 뿐이라는 걸 아시겠죠? 여자와 남자의 근본적인 관계구조를 바꿔 나가는 것 외에 방법이 없습니다. 갑판 위에서의 생활에 맛 들인 남자 쪽에서 바뀔 리는 없으니까 여자 쪽에서 바꿔 나갈 수밖에 없습니다. 약자인 여자가 자신감을 되찾고 강해져서 자기주장을 해나갈 수밖에 없고, 자신을 되찾기 위해서는 지금의 기분을 똑똑히 받아들이는 수밖에 없고, 자신의 과거와 충분히 대화하는 수밖에 없다는 걸 알게 되실 겁니다.

그러기 위해서는 한 사람 한 사람 자기에게 고유했던 성장 조건을 주시해서 자신을 잘 알아가는 것이 중요합니다. 나는 무엇을 꿈꾸고 있었는지, 무엇을 하고 싶었는지, 왜 좌절했는지 말입니다. 조그맣게 움츠러든 나를 해방시키고, 내 목소리를 해방시키고, 침묵을 깨고 이야기를 꺼내는 것입니다. 여자라는 것 때문에 얼마나 분한 마음이 들었고 손해를 봤는지, 또는 무엇이 즐거웠는지를 이야기해야 합니다. 그리고 외부의 권위가 아니라 내 마음속의 중심을 의지할 곳으로 삼을 것, 조금 다르게 표현하면 내 안에서 신을 발견하고 그 소리에 따라야 할 것입니다. 그 소리를 듣는 여행을 떠나야 합니다.

제 경우에는 일이나 연애, 테라피, 친구 등을 통해 여행을 떠났고 내 문제가 어디에 있는지 깨닫기 시작했으며, 그때 어머니와의 불화로부터도 해방되었던 것 같습니다.

시대의 한계에 갇힌 어머니에 대한 애틋함

어머니는 일흔을 넘기시고 저를 지배하는 것을 그만두신 다음부터 혼자서 "으흐흐" 웃으실 정도로 재미있는 모습을 보여주십니다. 한 달에 한 번 어머니는 누마즈沼津에서 도쿄에 있는 저의 집으로 찾아오십니다. 오셔서 자기 나름대로 이런저런 기분전환을 하시는데 저는 일하느라 집을 비우는 경우가 많아서 어떨 때는 저와 거의 얼굴을 마주치지 않고 돌아가시기도 합니다.

어느 날 그런데도 왜 찾아오시느냐 물어본 적이 있습니다. 어머니는 혼자가 되고 싶어서라고 대답하셨습니다. 어머니는 동생 가족과 함께 살고 있는데, 집에 있으면서 '할머니, 할머니' 소리를 들으며 가족에게 둘러싸여 있는 것은 즐겁지만, 가끔은 무턱대고 혼자 있고 싶어지고, 신칸센을 타고 있는 동안은 겨우 한 시간이지만, 차창 밖 풍경을 바라보고 있노라면 어린 시절부터 지금까지 자신의 인생에서 잊고 있었던 뜻밖의 일들까지 떠올라 뭐라 형언할 수 없는 충실한 시간을 보낼 수 있다고 하셨습니다.

그리고 어머니가 반복해서 떠올리는 의문은 '그렇게 좋은 집안에서 태어났는데도 왜 학교를 보내주지 않았을까. 할아버지가 그렇게 예뻐해 주셨는데 왜 나한테 애 보는 일만 시키셨을까'라는 것이라고 합니다. 어머니는 그 이유를 논리적으로야 잘 알고 계시겠죠. 그런데 심정적으로 납득이 가지 않는 것입니다.

어느 날 집에 돌아오니 어머니가 제 강연 테이프를 듣고 계셔서 깜짝 놀란 적이 있습니다. 또 한번은 집에 돌아와 방 안의 화분에 눈을 돌리니 거기에 어머니가 써놓은 종이가 붙어 있었습니다. 제가 물 주는 것을 자주 잊어버려서 노란 잎사귀가 떨어져 있곤 하니 보다 못하셨겠죠. 종이에는 "저는 물을 좋아한답니다. 물이 없으면 빈집을 지킬 수 없습니다"라고 쓰여 있었어요. 어머니는 자신이 화분 속 나무가 됐다는 느낌으로 쓰셨던 걸까요. 시 같기도 한 문장을 보고 저는 깜짝 놀라고 말았습니다.

어머니는 제대로 교육을 받지 못했기 때문에 결혼하고 나서 아버지에게 글자 쓰는 법과 주판을 배웠습니다. 지금은 가타가나와 히라가나, 한자가 섞인 문장을 쓸 수 있습니다. 한자는 좌우가 바뀌기도 합니다. 그래서 이젠 저런 시 같은 것을 쓰시게 된 것이지요. 저한테는 감동적인 일이었어요. 일흔네 살이 돼서 어머니가 창작문을 쓰셨으니까요. 그걸 보니 뭔가 뭉클해지더군요.

또 어머니는 폐품을 이용해서 여러 가지 물건을 만들기도 합니다. 기모노를 풀어헤쳐서 무언가로 새로 만들거나, 안감이나 자투리 천, 받은 수건을 이어붙여 작은 가방이나 아이들이 가지고 다니는 배낭을 만들어 바자회에 출품해 표창을 받기도 합니다. 스스로 궁리해서 이것저것 만들고, 가끔 재미난 게 나오면 "와, 이런 게 만들어져버렸어"라며 보여주십니다. 방에 진열된 인형에게 모자를 만들어 씌워주고는 혼자서 씩 웃기도 합니다. 저는 그런 어머니를 보고 있으면 왠지 너무 가엾게 느껴집니다.

어머니가 만약 정말로 직업을 가지고 뭔가를 했더라면 의욕도 있고 머리도 나쁘지 않고 감각도 있는 분이니 분명 자기 나름의 세계를 만들어서 자신과 더 많은 사람들을 기쁘게 했을 거라고 생각하기 때문입니다. 어머니의 인생을 생각하면 너무 아까운 생각이 듭니다. 어머니 자신께서 늘 이렇게 말씀하시지요. "여자는 손해야" "엄마도 애만 보지 않고 제대로 학교에 갔으면 말이지, 지금쯤엔…". 일흔네 살이 되어도 아직 단념할 수 없나 봅니다.

어머니는 생생한 감성의 소유자라서 마음에 맑은 물이 졸졸 흐르고 있는 느낌이 듭니다. 하지만 오래 병을 앓았기 때문에 밖에 나가서 무언가를 배운다거나 한다는 것은 여간해선 시도하기 어려웠습니다. 이제 허리도 굽어지기 시작했습니다. 겉모습은 노인이지만 마음속에 청춘이 공존하고 있는 어머니를 보고 있노라면 이상한 기분이 듭니다. 세상으로부터 노인이라는 소리를 듣고 있는 사람들도 겉모습은 나이가 들었어도 마음속에는 맑은 물이 살랑살랑 흐르고 있는 사람들이 적지 않겠죠. 이 '노인'이라든가

'늙은이' 같은 말을 다른 말로 바꿀 수는 없을까요.

"왜 엄마만 밥공기 엉덩이나 문지르고 있어야 해"라던 어머니는 지금까지도 "여자는 손해야"라고 하십니다. 병세가 가라앉은 후, 상인의 아내로서 눈코 뜰 새 없이 바쁘게 살다 여기까지 오고 말았습니다. 이제 와 돌이켜볼 때 결국 어머니가 가졌던 재미라고는 궁리해서 요리하는 것이었고, 슬프거나 정신을 집중하고 싶을 때는 바느질 같은 걸 하는 수밖에 없었습니다. 어머니는 뭘 꿰매는 걸 굉장히 좋아하십니다. 정신을 집중할 수 있고 마음을 달래주기 때문이라는군요. 하지만 어머니는 이렇게 말씀하시죠. "여자는 손해야, 이것밖에 없으니까" 어머니 시대에는 살아남기 위해 여자의 역할로 할당된 것 중에서 즐거움을 찾고 적응해 나갈 수밖에 없었던 것이지요. 그것밖에 없었다고, 그렇게 말씀하십니다.

억압에서 벗어나게 한 '나의 페미니즘'

어머니와 세상으로부터 '여자답게 굴라'라는 억압을 받았고 거기서 해방되고 싶어서 계속 싸워오는 사이에 어느덧 제 인생의 절반이 지나가버렸습니다. 그 투쟁의 와중에 저는 제 나름대로 '나의 페미니즘'을 만들어 왔습니다. 자유를 찾아가는 과정에서 제 나름대로 납득할 수 있는 무엇이 필요했습니다.

경제적 자립이나 생활의 자립은 사람이 '인간'이 되고 '자신'이 되기 위한 기본 조건이라는 것은 너무나 잘 알고 있었습니다. 그런 토대 위에서 내가 여자이기 때문에 겪어온 갖가지 억압과 굴욕으로부터 나 자신을 해방시키기 위해서 필요한 사고방식을 저는 페미니즘에서 찾았습니다. 그러므로 저에게 페미니즘은 공부해서 익히는 것이 아니라, 편안해지기 위해서 몸속 깊은 곳에서부터 짜낸 것이라는 느낌이 듭니다.

어디까지나 '내'가 먼저이지 페미니즘이 먼저가 아닙니다. '내'가 페미니즘을 살아내는 것이 아니라 '내'가 살아가는 데 도움이 되기 때문에 페미니즘을 활용하는 것입니다. 나의 페미니즘은 나의 페미니즘입니다. 그렇습니다. 다지마 요코의 페미니즘일 뿐입니다. 그런데 이 옷이 불편해지면 저는 벗을 겁니다. 페미니즘이 나에게 해를 끼친다면 작별인사를 해야겠지요. 하지만 나의 페미니즘은 내 뼈와 살에서 태어난 것이기 때문에 시대가 변하고 호칭이 바뀌어도 그 정신은 제 안에서 살아갈 것 같다는 느낌이 드네요.

페미니즘 이론은 중요하지만, 그 이론에만 의존하다 보면 여자들이 예전에 남편에게 의존했던 것과 마찬가지가 됩니다. 페미니즘 우등생이 될 필요는 없습니다. 나에게 무엇이 중요한지, 내가 무엇을 원하는지 좀 더 내 머리로 생각하지 않으면 또다시 나 자신이 죽어버리고 맙니다. 이론보다 '내'가 앞서야 합니다. 차별의 구조를 제대로 알고 납득하게 됐다면, 그래서 조금이라도 편해졌다면, 그것을 응용해서 마음껏 자신의 인생을 살아보세요.

제가 무엇이 옳다거나 그르다고 말할 수는 없지만, 어쨌든 자신이 어떤 인생을 살고 싶은지 스스로 확고히 결정하는 것이 중요하다고 생각합니다. 여자라고 해서 제약받는 일은 없어야 합니다. 여자 한 사람 한 사람에게 자신의 삶의 방식을 선택할 수 있는 선택권과 그것을 결정할 자기결정권이 있다는 이야기입니다. 여자는 '여자'에서 하나의 '인간'으로 돌아가서 그 힘을 온전히 사용할 수 있어야 합니다. 그런 다음에는 다른 사람의 말을 들을지 말지, 담배를 피울지 말지, 하이힐을 신을지 말지, 아이를 낳을지 말지 모두 정해질 것 같다는 생각이 드네요.

물론 누구나 다 그렇게 깔끔하게 인생 플랜을 세울 수 있는 것은 아니지만, 그래도 자신의 진정한 '마음의 소리'에 귀를 기울이다 보면 자연스럽게 방향이 정해지지 않을까요? 마음의 소리를 믿으면 자신이 무엇을 원하고 어떤 삶을 살고 싶은지도 곧 결정될 것입니다.

자신을 위한 싸움을 시작하라

정말로 자기가 하고 싶은 일을 찾기란 무척 힘들죠. 저 같은 경우에도 그때그때의 만남에 의해서 나아갈 방향이 정해졌고, 또 과감히 내가 싫어하는 것들을 하나하나 버리고 갔더니 이렇게 됐다고 말씀드려야겠네요. 지금 정말로 자기가 하고 싶은 일이 정해져 있는 사람은 아주 운이 좋은 사람입니다. 인간은 억압을 받으면 우등생은 될 수 있어도 자신이 정말 하고 싶은 일을 찾기란 어려운 법입니다.

앞으로 자유롭게 살아가고 싶고, 이것저것 하고 싶다고 생각한다면 '여자다움'의 자질만 가지고는 헤쳐나갈 수 없습니다. 여자에게도 원래 자립할 수 있다는 좋은 의미의 '남자다움'의 범주에 들어가 있던 자질들이 충분히 있는데도 그것을 억제하고 감추면서 살아가고 있습니다. 그러니까 본래 자신에게 갖추어져 있었을 용기나 판단력, 결단력 같은 것을 남김없이 되찾고 최대한 활용할 필요가 있습니다.

이제까지는 이런 자질들을 사용하면, 남자라면 남자답다고 이야기하는데 여자는 여자답지 못하다는 소리를 들었습니다. 그런 비판을 듣는 게 싫어서 여자는 언제나 "이렇게 하고 싶어. 하지만…"이라며 분열된 상태가 되는 것입니다. 언제나 두 가지 가치기준 사이에서 갈팡질팡해 왔습니다. 타인에게 의존하고 있는 한 자신의 삶을 살 수 없고, 또 의존하지는 않더라도 '여자답게' 행동해야 한다는 사회규범에 가로막혀 자기 자신이 될 수 없었습니다. 그렇게 분열된 상태에서는 발휘할 에너지가 남아나지 않습니다. 뭔가를 하고 싶은 힘, 할 수 있을 것 같은 힘이 사라져 버립니다. 분열된 사람은 노이로제에 시달리기도 합니다. 그런 사람은 마음에 새겨진 칼자국이 깊어 인간적으로는 매력이 있고 이야기 나눠보면 재미있는 사람은 될 수 있을지는 모르지만, 아무것도 성취하지 못하는 것입니다.

억압된 상태에서는 자신이 가슴 속 깊은 곳에서 무엇을 느끼고 있는지 알지 못하고 자신의 마음과 기분을 파악할 수가 없습니다. 나라는 존재가 젖은 큰 담요 속에 싸여 있는 것처럼 바깥세상을 느낄 수 없게 됩니다. 그러나 자기 자신의 감성으로 정말로 무언가를 느끼게 된다면 자연스럽게 행동하게 됩니다. 행동하면 지금까지의 테두리에서 빠져나오게 될지도 모릅니다. '느낀다'는 건 그런 것이죠. 그렇기 때문에 대부분의 사람들은 아예 느끼는 것을 포기하고 있는 것입니다. 왜냐하면, 이 거대한 사회가 정해 놓은 곳에서 벗어나는 것은 아무래도 굉장히 무서운 일일 테니까요. 그렇게 진정으로 느끼는 것을 억눌러 갑니다. 하지만 다들 뭔가 자기 가슴 속에서 움찔거리는 것들이 분명히 있을 겁니다. 그것들을 건져내고 스스로에게 솔직하게 살아갔으면 좋겠습니다. 주변에서 편들어주지 않아도 자신을 내 편으로 만들면 됩니다. 주위에, 그리고 자신에게 지지 않았으면 좋겠습니다.

노예선의 배 밑에서 한 걸음 내디뎌 갑판 위로 올라가는 일은 상당한 용기와 결단력이 필요합니다. 경험이 없으므로 굉장히 힘들죠. 혼자서는 힘드니까 모두 손을 맞잡자고 해 봐도 손잡은 사람 모두가 똑같이 '여성스럽게' 살아온 사람들이라 성공하기가 쉽지 않습니다. 노예 상황에 처해 있다는 것은 매우 무서운 일입니다. 살아가기가 무척 힘들죠. 그런 삶의 방식을 문화가 암묵적으로 여자에게 강요해 왔던 것입니다. 지금 고민하고 결단을 내리지 못한다 하더라도, 그래서 자신이 싫어질지라도, 그런 사실들을 알게 되는 것만으로도 충분합니다. 지금 당신이 고민하고 있는 것은 당신만의 책임은 아닙니다. 그렇게 생각하면 조금은 마음이 편해질 것입니다. 마음이 편해졌다면 그냥 그대로 그런 문화에 지고 있을 수만은 없잖아요. 둘로 분열된 자신을 하나로 합치면 힘이 날 것입니다. 잃어버린 에너지를 되찾으시길 바랍니다.

지금 고민하고 있는 사람들, 분열되어 괴로워하고 있는 사람들은 자기만 안 된다고 생각하지 말고 그러한 상황에 굴하지 않고 강건하게 살아나갔으면 합니다. 부디 "내겐 능력이 없어. 내 성질이 못된 거야"라는 식으로는 생각하지 마십시오. 우선 분열된 나를 깨닫는 것, 뭐가 됐든 나답게 살기 위해서 어떻게 하면 좋을지를 생각해보는 것, 그것이 바로 새로운 출발이지 않을까요?

사람은 남을 위해서 싸우는 편이 투쟁하기 쉽습니다. 하지만 자신을 위해서 싸우기 시작했을 때 그때 비로소 한 인간으로 설 수 있습니다.

6장

페미니즘 앞에 수식어는 필요없다

지구오염에 한몫하는 성별 역할분업

주부들의 에너지는 맹렬히 불타지만, 제가 보기에는 맹목적인 것처럼 보입니다. 허겁지겁 달려가기는 하는데 어디로 갈지 그 방향이 정해져 있지 않다는 느낌입니다. 그 방향성을 제시해 주는 것은 시대의 에너지라고 생각합니다.

시대의 에너지는 현재 자유와 평등, 그리고 강력한 인권의식으로 향해가고 있습니다. 여성들이 요구하는 것과 시대가 요구하는 것이 일치한다는 것은 움직이기 쉽다는 뜻입니다. 하지만 그것도 여성들이 자신이 처한 차별적인 상황을 충분히 의식하지 않는다면 결국 제2차 세계대전 때처럼 후방의 어머니가 되어버리기 십상입니다. 구조적으로 어쩔 수 없이 음지에서 전쟁을 뒷받침했듯이, 맹목적인 여성의 에너지는 알게 모르게 환경을 오염시키고 수험 전쟁에 박차를 가하게 되는 것처럼 말입니다.

이른바 배운 여자들이 종종 "여성에겐 돈 따위 필요 없어요. 탈근대로 갑시다. 지금은 생태주의 시대죠. 지역 운동이 중요합니다"라고 말하곤 합니다.

생태 운동, 아주 좋죠. 다 같이 해야 합니다. 그러나 갤리선의 밑바닥에 있는 여자들이 자신의 자립과 해방을 목표로 하지 않고 생태 운동만 하려고 해서는 곤란합니다. 왜냐면 '대지의 어머니'나 '자연'으로 불리는 지구와 마찬가지로 여성 역시 마구잡이로 사용할 수 있는 공짜 자원으로서 남성들에게 이용되고 착취당해 왔기 때문입니다.

'남자는 밖에서, 여자는 안에서'라는 남녀의 성별 역할분업과 '남자는 갤리선 위, 여자는 그 밑'이라는 구조 자체가 지구오염과 착취를 반복하게 합니다. 여성에게 미지불 노동을 시킴으로써 200% 일할 수 있게 된 남자의 잉여능력이 지구라는 자원을 과도하게 먹어 치우는 결과로 이어지고 있기 때문입니다. 여성이 갑판 밑에서 '대지의 어머니'로서 남성문화에 착취당하고 있다는 사실 그 자체가 곧 여성 자신도 지구오염에 한몫하게 되는 것입니다. 그것을 직시하지 못하고 그저 생태 운동에만 매달린들 여자의 상황은 물론 지구의 상황도 전혀 나아지지 않을 것입니다.

남편이 회사에서 배기가스를 내뿜는 차를 만들고 있는데 아내는 남편이 벌어다 주는 돈으로 생활하면서 그를 뒷바라지하고, 다른 한편으로 지역에서 "공기를 맑게 합시다", "하천을 깨끗이 합시다"라며 환경운동을 한다면 이걸 어떻게 봐야 할까요? 결국 또 남편이 저지른 일에 대한 뒤치다꺼리인 건지 모르겠지만, 그런다고 뒤치다꺼리가 되긴 할까요? 성별 역할분업은 그대로 두고 탈근대를 살기 위해 도시를 버리고 시골에 내려가 버린들 거기서 또 여자가 가사와 육아를 해야 하고, 거기다 논밭일까지 해야 한다면 그거야말로 그냥 과거로 돌아가는 것에 불과합니다. 여자는 손빨래를 맡고, 남자만 근대를 지나 탈근대를 즐기는 구도가 될 뿐입니다.

"성별 역할분업 반대!"를 외치는 여자들도 있는 반면, "내 밥 차리는 김에 가족들 몫까지 같이 준비하는 것뿐이야"라고 말하는 사람들도 얼마든지 있을 거라 봅니다. "그까짓 빨래 아무렴 어때, 할 수 있는 사람이 하면 되는데… 우연히 내가 집에 있고, 할 수 있으니까 하고 있는 거지." 하지만 여기에도 함정이 있습니다. 여자는 우연히 집에 있는 게 아닙니다. 빨래를 하기 위해, 무급의 '하녀 일'을 하기 위해 집에 머물러 있게 됐다는 걸 명심해야 합니다.

여자는 집안일, 자질구레한 일, 남을 돌보는 일에 수백 년에 걸쳐 훈련돼왔습니다. 남자는 갑판 위에서 으스대고 있느라 아무것도 훈련되지 않았기 때문에 그런 일을 남자들에게 시키면 시간이 걸리죠. 그래서 여자는 귀찮음을 감수하고 남자를 바꾸려고 하기보다는 '내가 조금 더 애쓰면 돼. 그러는 편이 풍파가 일어나는 것보다 낫다'고 생각하고 맙니다. 그렇게 해서 여자가 전부 떠맡게 돼버리는 것입니다.

그렇게 여성들은 영원히 갤리선의 밑에서 빠져나올 수 없는 것입니다. 언제나 갑판 위의 남자들이 정한 대로 따르는 운명을 감수할 수밖에 없습니다. 더구나 갑판 위의 정치, 경제 등 의사 결정기관에 들어가 있지 않은 여자들은 남자들이 하는 일에 제동을 걸 수가 없습니다.

배 밑바닥의 노예는 자신이 젓고 있는 배가 어디로 가는지 알지 못합니다. 노예에게 허용된 바깥세상은 배 밑바닥의 둥근 창을 통해 보이는 범위뿐입니다. 만약 그 둥근 창으로 보이는 바다가 더러워져 있으면 노예도 자신의 생명이 소중하므로 "어머나, 바다가 더럽네. 이런 물속에 빠져 죽으면 큰일이야. 이런 물을 마시면 큰일 나. 오염은 안돼. 지구를 아껴야 해"라고는 말할 수 있죠. 하지만 노 젓는 것이 의무인 노예에게는 아무것도 할 방법이 없습니다.

이런 주부 노예라는 상황에서 가령 "아이의 생명을 지킵시다"라고 말한들 배가 어느 방향으로 가는지도 모르는 배 바닥에서 결혼제도와 가사노동에 묶여 있는데 무슨 일을 할 수 있을까요? 배의 갑판 즉 정규사회에 참여하지 못하고 일을 결정하는 공간에 들어서지 못하는데, 그러고도 어떻게 아이의 생명을 지킬 수 있겠습니까? 전쟁이 나서 하늘에서 총알이 쏟아지면 아이 위에 엎드리고 감싸 안아 아이 대신 죽으리라! 지금도 기껏해야 할 수 있는 것이라고는 그 정도뿐이지 않나요?

아이는 부모를 초월해 간다

부모라는 사람들은 흔히 자녀의 진로를 정할 때 자녀의 희망을 무시하고 이래라저래라 합니다. 대학뿐 아니라 전공까지 정해주지요. 하지만 그렇게 말을 잘 들었다가 실패한 아이를 부모들이 평생 돌봐줄 수는 없습니다. 시대가 변하면서 부모가 생각하는 방식과 다른 방향으로 갈 수도 있습니다. 무엇보다 부모 자신이 먼저 죽게 될 텐데도 아이의 행복을 위해서라고 믿고 이래라저래라 강요하지요.

내 자식이라곤 해도 인격을 가진 인간입니다. 인생의 진로까지 부모의 뜻대로 결정하려 한다면 잘못돼도 한참 잘못된 것이죠. 그런 얄팍한 권력욕은 버리고 아이를 한결같이 믿는 쪽이 결국 승리하는 길이라고 저는 생각합니다.

부모라고 무엇이 행복인지 철저하게 스스로 생각해본 것도 아닙니다. 기껏해야 세상이 이렇고 지금 자신이 이러니까 이러이러한 노선을 가라든지 혹은 자신이 그렇지 못했으니까 다른 노선을 가라는 식에 지나지 않잖습니까?

부모가 아이의 행복을 바라거나 인생의 선배로서 지혜를 전하고 싶은 생각과 기분은 잘 알겠습니다. 하지만 어차피 아이 쪽이 더 새로운 시대에 민감하게 반응하기 마련입니다. 때로는 아이의 직감이나 의견을 차분히 들어보고 상담에 응해 주는 편이 오히려 앞으로 새로운 시대를 살아갈 아이에게 힘이 되어 줄 수 있지 않을까요?

'우리 애는 불효자'라며 한탄하는 사람들을 종종 봅니다. 그런데 자식을 부모 뜻대로 하려고 하니까 불효자가 생기는 겁니다. 부모의 욕심이나 이기적인 기대로 자식이 '불효자'로 길러지는 것입니다. 부모로서 자신이 없는 사람일수록 그런 힘을 휘두르고 싶어 하는 것 같기도 합니다. 아무리 부모에게 반발하고 싸워도 아이는 어느 시기까지는 부모의 비호 아래서만 살아갈 수 있습니다. 그래서 부모도 아이를 언제까지나 자신의 것이라고 생각하기 십상입니다. 하지만 상대방을 지배한다는 것은 똑같이 상대방에게 의존하고 있는 것이라는 걸 아시나요? 부모가 자기 나름대로 충실한 인생을 살아가고 있다면 자신의 못다 이룬 꿈을 자녀에게 맡기거나 과도한 기대를 걸지는 않을 것입니다. 그래선 안 됩니다.

저는 아버지나 어머니의 소원대로 살지는 못했지만, 그걸 불효라고 생각해 본 적은 없습니다. 제가 결혼도 하지 않고 내 멋대로 사는 걸 한탄하시던 어머니가 이제 아무 말씀도 안 하시게 된 건 포기했다기보다는 저의 삶의 방식, 나아가 저라는 인간을 인정해준 것이라고 생각합니다. 오랜 시간에 걸쳐서 아이는 부모를 초월해 갑니다. 시대도 부모가 상상하지 못할 만큼 변해갑니다. 그러므로 부모님 말씀대로 사는 것, 부모가 생각하는 행복이 반드시 효도가 되는 것은 아니라고 저는 목청 높여 말하고 싶습니다.

부모의 삶은 부모의 것, 결코 자녀를 위한 것이 아닙니다. 또 자녀의 삶 역시 자녀의 것이지 부모가 지배해도 되는 것은 분명 아닐 겁니다. 각자가 다른 인격을 가지고 있으니까요. 그것을 서로 인정하는 부모 자식 관계가 성립된다면 머지않아 효도니 불효니 하는 사고방식 자체가 사라지지 않을까요?

한때 부모를 돌보는 것이 곧 효도라고 생각했던 적이 있었습니다. 하지만 이제는 제대로 된 부모일수록 자식 신세는 지고 싶어 하지 않습니다. 자신의 노후는 스스로의 힘으로 살아갈 수 있도록 또박또박 인생 설계를 그려 나갑니다. 요점은 부모와 자식이 지금까지 어떤 관계를 맺어왔으며 앞으로 어떤 관계로 함께 살아가고 싶은가 하는 것입니다. 물론 저마다 서로 다른 스타일의 부모 자식 관계가 생겨나는 게 당연하고 자연스럽겠죠.

아내와 어머니의 역할은 있어도 '자기'는 없는 '현모양처'

'여성 멸시'라는 말이 있습니다. 어머니들이 그다지도 열성적으로 아이를 키우고 열과 성을 다 바쳐 남자들을 위해 애쓰는데 왜 '여성 멸시'가 있을까요? 왜 남자는 여자를 멸시하게 되는 걸까요? 저는 여성이 '여성스러움'과 '현모양처'에 매달려 있는 한 이 여성 멸시는 없어지지 않을 것이라고 생각합니다.

결혼제도라는 이름으로, 문화라는 이름으로, 성별 역할분업이라는 명목으로 여성에게만 가사노동을 시키고 있는 한 여자와 남자 사이에 인간으로서 대등하고 정말 좋은 관계라는 건, 분명히 말하건대 절대로 무리라고 생각합니다. 남자가 여자를 부양하고 여자에게 가사, 육아만 시키는 구조에서는 남자가 '주인'이고 여자는 '집사람', 즉 남자의 '하인'일 뿐입니다. 남자와 여자 사이에는 아직 신분제도가 남아 있는 것입니다.

아이도 크면 점점 기분이 이상해지겠죠. 자신이 가장 사랑하고 소중히 여기는 사람이 아버지보다 서열이 아래고, 게다가 자기라면 하고 싶지도 않은 일을 매일 하는 걸 보고 있으니까요. 아이는 그 일을 역할로서의 여자 일이라고 납득해 가기는 하겠지만, 그래도 엄마를 인간으로서 바라봤을 때 존경하는 데까지 가기 위해서는 여성학의 힘을 빌려야 할 정도로 엄청난 노력이 필요할 것입니다.

여성이 '여성스럽게' 되기 위해서 자신을 억눌러야만 하는 것은 괴로운 일입니다. 하지만 '여성스럽게' 굴지 않으면 세상에 받아들여지지 않고 남에게 사랑받지 못한다는 것을 알고 있기에, 그러한 사회규범을 자기 안으로 받아들이면서도 한편으론 자기 안에서 끓어오르는 화를 맞닥뜨려야 합니다. 그 화와 싸워서 능숙하게 눌러 넣었을 때 여자는 뛰어난 '현모양처'가 될 수 있습니다. 이것이 남성 사회가 여성에게 기대하고 있는 궁극의 '여성스러움'의 한 가지 형태입니다.

이 '현모양처'라는 말을 자세히 들여다보면 거기에는 아내와 어머니는 있어도 자기 자신은 없습니다. '아내'와 '어머니'는 사회적 역할입니다. 여자는 완벽한 아내와 어머니의 역할을 기대받고 있지만 '자기'를 갖는 것은 허용되지 않습니다. 노예선의 배 밑바닥에 갇혀 있는데, 그 자유가 없는 곳에서 자신을 확고히 가지고 있어 봐야 괴로워서 견딜 수가 없습니다. 결국 자신을 죽이고, 자신의 인생을 희생하고, 집을 위해, 남편을 위해, 아이를 위해 헌신합니다. 헌신하기 위해 필요한 만큼의 자신은 남겨두기는 하지만 그것은 과잉 적응일 뿐입니다.

이렇게 과잉 적응을 해버린 '현모양처'들은 '자기'를 잃어버렸으니 마음에서 우러나오는 대로 사물을 생각하는 습성을 잃어갑니다. 한결같이 사회규범에 따르지요. 사회규범은 그때그때 애드벌룬을 띄웁니다. 어떤 때는 전쟁을 지원하는 후방의 어머니, 어떤 때는 전쟁반대, 또 어떤 때는 환경보호의 애드벌룬. 그리고 앞서 보셨다시피 자신은 남편과 상하관계를 이루는 비민주적인 가정을 영위하고 있으면서 밖에서는 학부모회를 통해 민주주의의 중요성을 설파합니다. 또 자신은 몸소 노예가 되어서 여성의 가치를 깎아내리면서 밖으로 여성 멸시는 안 된다며 여성해방운동을 시작하기도 하고 생태운동에 나서기도 합니다. 하지만 정작 집 안에서 자신과 남편의 상하관계에 대해서는 전혀 깨닫지 못합니다.

이러면 여성은 점점 더 바보 취급을 당하게 됩니다. 바라보는 사람들은 일일이 말로는 설명할 수는 없어도 직관적으로 그 모순을 깨닫고 있기 때문입니다. 그래서 '학부모회 아줌마'라는 말로 그 위선과 기만이 야유받는 것이라고 생각합니다.

만약 여성 멸시를 없애고 싶다면 집안일은 가족 모두가 함께 해야 합니다. 그것이 시간적으로 불가능한 사람은 남에게 의뢰하고 제대로 돈을 지불해야 할 것입니다. 자기 아이라도 일정 정도 이상의 노동을 시킨다면 아르바이트로서 제대로 지불해야죠. 여자는 더 이상 '여성스러움'이나 '귀여움' 등을 연기해서는 안 됩니다. 연기하면 할수록 당신, 그리고 나아가서는 여성 전체의 가치를 떨어뜨리게 됩니다.

그렇다면 집안일을 하는 아내에게 월급을 지불하면 되는 거냐고 생각하는 사람도 있겠죠. 그러길 바라는 여성에게는 그것도 괜찮겠죠. 하지만 아내의 가사노동비를 다 지불할 수 있는 남자는 이 세상에 그리 많지 않습니다. 그만큼 엄청난 액수이기 때문이죠. 중요한 것은 그냥 지불하기만 하면 된다고 생각할 게 아니라, 여성도 하나의 인간이라는 의식을 남녀모두 가지는 것이 먼저입니다. 각각의 여성에게는 각기 다른 삶이 있을 것이고 가사노동비가 지급된다면 그 돈으로 여성은 약간의 자유를 살 수 있습니다. 그러나 마땅히 지불해야 한다는 의식보다 먼저 여성들이 자유롭게 자신의 삶을 살아갈 선택권을 행사할 수 있고 행사하지 않으면 안 된다는 의식을 가져야 합니다. 여성들은 반드시 그것을 쟁취해야 합니다.

여자들은 선거권과 교육을 받을 권리도 어렵사리 쟁취했습니다. 그런데 모처럼 어려운 경쟁을 뚫고 대학에 입학해서 졸업하더라도 그 교육을 자신을 위해서라기보다 가정에 들어가 아이의 교육을 위해서 바쳐야 했습니다. 이제부터는 내가 받은 교육을 나 자신을 위해서도 사용하지 않으면 안 됩니다.

그런데 여자들의 일할 권리는 아직 완전히 인정되지도 않았고 행사되지도 않았습니다. 일할 권리는 여자에게 '발'을 주는 것이기 때문입니다. 돈을 뜻하는 여러 단어 중에 발을 의미하는 일본어 '오아시御足'가 있듯이 돈은 발 역할을 합니다. 발은 자유를 의미합니다. 여자가 자유로워지기 위한 기본 조건은 자기 스스로 자기 돈을 손에 넣는 것입니다.

돈이 있으면 수천 킬로미터 떨어져 있어도 좋아하는 사람을 만나러 갈 수 있습니다. 돈이 없으면 좋아하는 사람과 함께 살 수는 있어도 싫어졌을 때 헤어지는 것조차 마음대로 할 수 없습니다.

뭔가 일을 벌여보고 싶어도 돈이 없으면 아무것도 할 수 없습니다. 남자들 사회에서는 금방 큰돈이 툭 나옵니다. 하지만 우리 여자들은 모여서 무슨 일이든 하려고 해도 자기 마음대로 쓸 수 있는 돈은 없기 때문에 사무실 하나 빌리기가 어렵습니다. 모임을 가지려 해도 가사 · 육아에 시간을 빼앗겨 자유롭게 쓸 시간이 없습니다. 돈이 없어 모금으로 진행하기도 하지만 한계가 있습니다. 그래서 자신의 세계를 만드는 것과 스스로의 힘으로 걸어갈 수 있는 경제적 기반을 만드는 것이 동시에 진행되어야 합니다. 나라의 발전을 예로 들어도 마찬가지입니다. 우선 경제적 자립 그리고 안정, 그것이 국가 자립의 기본이겠지요. 경제적인 자립을 이루지 못한 나라는 국내적으로도 불안정하고 또 대외적으로도 대등한 외교를 펼치기 어렵다는 건 뉴스를 통해서도 잘 알 수 있습니다.

남성들이 일하는 것처럼 일하는 것이 좋은지 아닌지를 떠나서, 어쨌든 지금 여성들에게 필요한 것은 스스로의 힘으로 돈을 벌 수 있게 되는 것, 그리고 그 행동력입니다. 이는 곧 자유를 향한 첫걸음입니다. 우선 지금까지 실컷 가르침 받아왔던 것처럼 여자는 청렴과 아름다움을 위해 가난해도 좋다고 하는 발상이나 돈을 더럽게 보는 습성 같은 것을 불식하는 것이 필요합니다. 흔히 "돈, 돈 하지 마라. 이 세상에 돈보다 중요한 것이 있다"라는 말을 합니다. 사실 그 말이 맞습니다. 하지만 이것은 제 스스로 돈을 벌어 왔던 사람이 돈을 버는 방법이나 철학에 대해서 할 수 있는 말이지, 자신의 빵을 자신이 벌 수 있는 권리를 무시받아 온 여성들에게 할 수 있는 말은 아니고 또 여성들이 할 말도 아닙니다. 남자들이 여자의 불평을 봉쇄하기 위해 만들어 낸 사이비 미덕일 뿐입니다.

남자는 여자에게 자유를 주지 않는 쪽이 유리하다는 것을 알고 있습니다. 여자들이 제공하는 무급 가사노동과 여러 가지 편의성을 놓치고 싶지 않습니다. 따라서 인간이라기보다는 역할로서의 여자, 즉 주부 노예를 미화하기도 하고 견제하기도 하면서 어떻게든 현상 그대로, 즉 남자가 여자의 '주인'인 듯한 관계를 유지해 두고 싶어 합니다.

'모성'을 고집하는 한 여자에게 자유란 없다

생리가 끝난 것뿐인데 '난 이제 여자가 아니야'라는 바보 같은 소리를 하면서 고민하는 여자들도 있습니다. 그런 소리나 하고 있으니 남자들이 아이를 못 낳게 된 여자를 우습게 여기고 여자도 그걸로 상처를 받습니다. 갱년기가 되었든 아이를 낳을 수 있든 없든, 그런 것과는 상관없이 당신은 당신, 나는 나인 것입니다.

하지만 자신을 키우지 않고 애 낳고 키우는 것만을 중심으로 살아온 사람은 낳을 수 있느냐, 없느냐의 기로에서 이미 인생이 끝난 것처럼 난리를 피웁니다. 왜냐하면 유일하게 여자에게 주어져 있던 '모성'이라는 권리의 상실을 민감하게 느끼고 받아들이기 때문이지요. '모성'이 있다는 이유로 여자는 남자에게 소중히 여겨지고 간신히 남자 사회의 끄트머리에 매달려 올 수 있었던 것입니다. 그러나 달리 생각해보면 여자가 이 모성에만 매달려왔기 때문에 오히려 더 남자 사회의 한 귀퉁이로 내몰렸다고도 할 수 있습니다. 이시하라 신타로石原慎太郎는 2001년에 이런 발언을 했습니다.

> 이건 내가 아니라 마츠이 다카후미가 한 말인데, "문명이 가져온 가장 나쁘고 유해한 것은 할망구"며, "여성이 생식능력을 잃고도 살아있다는 것은 아무짝에도 쓸모없는 죄악"이라는 거예요. 남자는 80, 90세에도 생식능력이 있지만, 여자는 폐경이 되고 나면 아이를 낳을 힘이 없다, 그런 인간

이 킨상, 긴상[31] 나이까지 살아있다는 것은 지구로서는 매우 나쁜 폐해라고…. 나도 그렇다고 생각은 하지만 정치인으로서 대놓고 말할 수가 없네(웃음).[32]

여태껏 여자들은 무언가 일이 생기면 "여자들만이 할 수 있는 일을 합시다"라는 이야기를 곧잘 해 왔습니다. 여자만이 할 수 있는 일, 즉 '모성'으로 할 수 있는 일을 하자는 것은 뒤집어 말하면 스스로 자기에게 족쇄를 채우는 것이고, 그렇게 해서 자기 세계를 좁힘으로써 남자의 영역을 침범하지 않도록, 남자에게 미움을 받지 않도록, 남자 사회를 자극하지 않도록 하자는 것입니다. 마음은 이해합니다. 남자 사회에 대드는 건 너무 무서울 테니까요. '모성'으로 살아간다면 이 남성사회는 무조건 용서해 주고 받들어 줍니다. 남성들은 '모성'만으로 사는 여성들을 우습게 여기고 멸시

---

31 '킨상 긴상'은 나고야의 장수 쌍둥이 자매로 成田きん(언니, 1892~2000), 蟹江ぎん(동생, 1892~2001)의 애칭으로 불렸다. 자매 모두 100세 넘게 살았기 때문에 언론에서 주목하고 TV나 CD로도 데뷔했다. 이상적인 노후상이라고 해서 1990년 일본에서 국민적인 인기를 자랑했다.

32 《주간여성》 2001년 11월 6일 호. 전 도쿄도지사 이시하라 신타로가 마츠이 다카후미(松井孝典)의 할머니 가설을 인용해 노인 여성을 모욕하는 발언을 했다며 여성운동 활동가들이 이사하라를 제소했고 마츠이 타카후미도 이시하라가 자신의 발언을 왜곡했다며 반발했다. 마츠이의 할머니 가설은 미국의 진화생물학자 조지 C. 윌리엄스가 제창한 것으로, 포유류 중 인간 여성이 폐경 이후에도 장수하는 것은 손자 손녀를 보살펴 자손을 번창시키기 위한 인류의 진화전략이며, '할머니'가 집단 기억 장치로서의 역할을 하며 문명탄생을 가능하게 했다는 것이다.

하면서도 한편으론 존중해 주기도 했습니다. 그래서 여성들은 그런 존중을 포기하지 않으려고 어떻게든 '모성'을 전면에 내건 채 해방되고 싶다고 생각해 왔던 것입니다.

하지만 그것은 마치 사슬을 끊지도 않고 자유로워졌다면서 날아다니려고 하다가 발이 묶여 앞으로 고꾸라져버리는 것과 마찬가지로서 상황을 개혁시키는 방향으로 전혀 이어지지 않습니다. 여성들이 '모성'을 고집하는 것은 여성 스스로 자기 능력을 한정하는 것입니다. 그래서야 여성들이 언제 자유로워질 수 있을까요.

아이를 낳든 안 낳든 그것은 본래 개인의 선택입니다. 육체적으로 아이를 낳을 수 있는지 없는지와 같은 생물학적 모성은 차치하고, 사람을 기르고 돌보는 모성은 여성뿐만 아니라 남성에게도 있습니다. 남성은 젖은 나오지 않더라도 얼마든지 육아를 궁리할 수 있습니다. 지금까지는 여자에게 아이를 낳는 능력이 있다는 이유로 모성을 들먹이며 육아의 책임을 떠맡겼습니다. 그러는 편이 남자에게는 편하고, 그만큼 남자는 밖에서 자기 명의의 돈을 벌 수 있었기 때문이지요. 사실 아이는 귀엽기는 하지만 30분만 같이 놀아주면 두 손 두 발 다 들게 됩니다. 여자들도 속마음을 이야기하면 그럴지도 모릅니다. 아이를 돌보는 것은 중노동이기 때문에 온종일 돌보는 것은 아주 힘듭니다. 힘든 정도가 아니죠. 점술가 기보 아이코 씨는 한창 아이를 키우는 중에 신기가 싹 없어졌다고 합니다. 막내를 유치원에 보내자마자 신기가 돌아왔다고 하죠.

여성을 '모성'으로 한정하는 것은 여성의 인간으로서의 능력을 한정하고 여성차별을 강화하는 일은 될지언정 결코 자유와 해방으로 연결되지는 않습니다. '모성' 또한 선택이라는 것을 명심해야 합니다.

여자의 인생 계획에서 지금까지는 '결혼'과 '아이'가 우선시 되느라 인간으로서의 꿈이나 일, 희망이나 모험은 모두 버려야 했습니다. 사실은 그 반대라야 맞지요. 먼저 어떤 인생을 살고 싶은지 계획을 세운 뒤에 결혼하고 싶은지, 아이는 낳고 싶은지 등 이것저것 생각해보는 것이 좋겠지요. 결혼이 하고 싶은 사람이라면, 인생에 결혼이 세 번 정도는 있어도 이상하지 않을 정도의 마음가짐으로 인생 계획을 세워 가는 게 딱 좋을 것 같네요.

인생 계획을 세운다는 것은 미래를 내다보고 세상이 어떻게 되어 갈지, 그 속에서 나는 어떻게 살고 싶은지를 먼저 생각하는 것입니다. 그러면 결혼을 할지 말지, 아이를 가질지 말지 같은 것은 자연스럽게 결정이 날 것이라고 봅니다.

여자는 당연히 결혼해서 아이를 낳아야 한다고 생각해 왔지만, 이제는 결혼도 출산도 개인이 스스로 결정하는 시대입니다. 제 경우는 '결혼하지 않겠다', '아이를 낳지 않겠다'라고 선택하고 살아왔을 뿐입니다. 저는 그러길 잘했다고 생각합니다. 하지만 결혼이나 출산을 하지 않기로 결정한 사람도 그 결정 과정에 그만큼의 에너지는 쓰고 있는 것입니다. 여자로서 감당할 모든 걸 궁정하고 다 해온 사람과 결과는 달라도 쓴 에너지는 다르지 않다고 생각합니다. 여자도 '여자 역할'에만 만족하지 말고 한 인간으로서 자기가 살아갈 길을 선택할 수 있도록 그 의식과 태도를 바꾸어 가지 않으면 안 됩니다.

결혼하는 것이 여자의 행복이라고 그동안 다들 말해왔기 때문인지, 여자는 나약해지면 곧바로 연애로 달아나거나 결혼으로 도망치면서 일을 그만두곤 했습니다. 남자들도 역시 연애도 하고 결혼해서 아이도 가지지만, 그렇다고 일을 그만둔다는 사람은 없습니다. 여자들도 결혼을 하든 아이를 가지든 자신의 빵은 스스로 벌어야 합니다.

자신의 빵을 스스로 벌 수 있는 사회 시스템은 모두 함께 만들어 가야 합니다. 결혼했으니까, 혹은 아이를 낳았다고 해서 자립하지 않아도 되고, 자립을 포기해도 된다거나 포기할 수밖에 없게 되는 것은 참으로 이상한 일이지요. 아이를 키우는 사람이야말로 제대로 자립해서 자신의 세계를 가져야 합니다. 자립해본 경험이 없는 사람이 아이를 자립할 수 있도록 키우는 것은 매우 어려운 일이니까요.

보통 여자의 인생이라는 것이 고등학교를 졸업하고 사람에 따라서는 2년에서 4년 학교에 가고, 졸업하면 취업해서 2, 3년 일한 뒤 결혼하고, 얼마 후에는 아이를 낳는, 쇼트케이크를 옆에서 본 것처럼 딸기 다음은 카스테라, 그 다음은 생크림이라는 층을 이루

듯 누구나 다 똑같았습니다. 하지만 지금부터는 나무와 같은 삶, '살아간다'라고 하는 줄기가 있고, 그 줄기를 중심으로 가지와 잎이 퍼져 가는 트리tree 형 인생을 생각해 볼 필요가 있습니다. '산다'는 것은 빵을 버는 것, 일하는 것. 즉 자기의 세계를 갖는 것입니다. 일은 바꿔도 좋으나 계속하지 않으면 안 됩니다. 인생에 있어서 연애나 결혼, 육아는 거기서부터 무성하게 자라나는 가지와 잎입니다.

남자들끼리만 살고 싶은 게 아니라면

이런 말을 하는 남자들이 있죠. "여자들은 차별, 차별 떠들고 있지 말고 노력을 하란 말이야!", "우리도 우리 스스로 쟁취한 거니까 너희도 너희 스스로 쟁취해!"라고요. 지당하신 말씀이지요. 하지만 그런 남자가 여자에게 자기 성을 물려받은 아이를 기르게 하고 자기 속옷을 빨게 하고, 여자의 자유시간을 빼앗고 있습니다. 그래서 남자에게 그런 이야기를 들으면 이제 저는 "그럼 거기 가로막고 있는 발 치워!"라고 말하고 싶어집니다.

처음부터 갑판 위에 있던 남자들이 남자들끼리 싸워서 쟁취하는 것과 갑판 밑에서 기어 올라간 여자가 거기서 또 남자들 속으로 들어가 쟁취하는 것은 역시 큰 차이가 있습니다. 여자는 갑판 위로 기어오르는 것만 해도 지쳐버립니다. 그래서 아예 처음부터 여성을 갑판 위에 올려놓으라, 출발선만이라도 똑같이 해달라는 게 차별시정 적극정책Affirmative Action[33]입니다. 저는 이것을 "여성에게 게다를 신겨달라"[34]라고 표현한 적이 있습니다. 하지만 그렇게 말하면 남자들은 어리광부리지 말라고 합니다. 그럴까요? 여자에게 자기 속옷을 빨게 하고 밥하게 해놓고선 남자와 똑같이 열심히 하라고요?

이 세상은 아무래도 남자들이 좌지우지하고 있으니 그 속에서 여자는 결국 임시 거처 상태에 머물 뿐입니다. 여자들에게는 무급의 가사노동을 시키고 돈 되는 나무는 모두 남자들이 독점하고 있으니까 말이죠. 어떻게 되든 여자는 남자의 신세를 지게 되어 있습니다. 아무리 싫어도 남자 신세를 지게 되는 상황에 놓인다는 것은 선택조차도 할 수 없다는 것이므로 굴욕이자 차별 그 자체입니다. 남자 사회에서 여자는 발을 빼앗겨버렸기에 손오공과 부처님의 관계처럼 남자의 손아귀에서 벗어날 수가 없는 것입니다.

제가 만난 남자들을 한 사람 한 사람 개인으로 따져보면 모두 좋은 사람들이라고 말해도 과장이 아닙니다. 하지만 그 사람들도

33 차별 철폐 조치. 1965년 미국 정부의 소수자 우대정책으로 여성, 흑인, 소수민족, 장애인과 같은 소수자에게 입학과 고용을 일정 수준까지 허용하도록 의무화한 제도.

34. 게다는 비가 오는 날이나 땅이 진 곳에서 다니기 위해 앞뒤로 높은 굽이 있는 나막신 부류의 신발로 높은 신분의 의전용으로 쓰이기도 했다. "여성에게 게다를 신겨서 높이를 맞춰 달라"는 표현은 불리한 조건하에 있는 참여자에게 출발선의 동등한 기회를 달라는 표현이다. 성별 고등교육의 격차, 성별 임금 격차, 여성의 경제활동 참가율, 여성 국회의원 비율 등을 종합해서 산출하는 유리천장지수가 일본식으로 표현하면 '게다의 높이'가 될 수 있겠고, 쿼터제 도입 등이 게다를 신겨주는 조치가 될 수 있다.

이 남녀차별의 구조 속에 놓여 있고 거기서 생활하고 있습니다. 결과적으로는 단지 거기 있다는 것만으로 스스로는 전혀 의식하지 못하는 사이에 여성차별에 가담해버리고 마는 것입니다. 그것은 한 손으로는 여자와 악수하면서 다른 한 손으로는 여자의 빰을 후려치는 그런 느낌이라고나 할까요?

예를 들면 성희롱이 그렇습니다. "자네, 유능하구먼. 일 잘하네"라며 악수한다고 칩시다. 그러면서 동시에 눈으로 가슴을 훑어보거나 만지려고 합니다. 그런 일들이 비일비재합니다. 좋아한다고 말해주는 건 감사하지만 남자가 하라는 대로 하지 않는다고 따귀를 얻어맞는 것은 사양합니다.

여성들 중에는 성적 농담을 주고받는 걸 아무렇지도 않게 생각하는 정도가 아니라 아예 즐기는 사람도 있습니다. 또 친숙한 동료 사이에서는 인사치레처럼 되어 있어서 성희롱인 듯 아닌 듯한 한마디가 없으면 섭섭하다고 생각하는 사람도 있나 봅니다. 개중에는 일을 따내기 위해서 혹은 좋은 포지션을 얻기 위해서는 그깟 엉덩이 한두 번쯤 만지게 해도 괜찮다고 생각하는 사람도 있을지 모르겠네요. 자신이 선택해서 이용하고 책임까지 지는 것이라면 그것도 뭐라 할 수 없겠죠. 다만 여자가 남자의 그러한 언동이 너무 싫어서 마음 붙이고 일을 할 수 없게 되고 그래서 직장을 그만둘까 생각한다면 그것은 이미 엄연한 성희롱입니다. 싫다고 생각하는 순간부터 성희롱이 되는 거죠. 판단의 주체는 여성입니다.

2장에서도 이야기했듯이 지금까지 남자들이 보는 여자의 이용가치는 섹스의 상대이거나 아이를 낳는 도구, 또는 무급의 가사노동 요원으로서의 가치였습니다. 따라서 직장에서 여성의 몸에 대한 접촉이나 언급은 여성을 일하는 사람으로서가 아니라 성적 쾌락의 대상으로만 보는 것이라고 은연중에 말하는 것과 마찬가지입니다.

차 대접이 어째서 이상한가 이야기하자면, 이 또한 여자에게 갑판 위로 올라오기 전의 신분을 상기시켜 그 신분으로 살라고 강요하고 있기 때문입니다. 성희롱으로 회사를 그만두면 여자는 먹고 살아가기가 힘들어집니다. 차 대접은 여성의 능력을 한정시킵니다. 둘 다 인권침해입니다.

저는 연애 등을 통해 저 자신을 발견하고 여기까지 왔으므로 저를 제대로 마주 바라보고 철저하게 '최선을 다해' 싸워준 남자들에게는 물론 감사하고 있습니다. 그렇다고 해서 영국인이 인도 사람들에 대해서, 또는 일본인이 인도네시아 사람들에 대해서 "너희들, 식민지가 돼서 다행이네. 철도가 뚫렸잖아. 철도가 뚫린 건 너네 나라가 식민지가 됐기 때문이야", 이렇게 말한다면 화내지 않겠습니까? "그러면 식민지가 된 걸 감사해야 돼? 침략당하고 지배당한 걸 감사해야 돼?" 이러는 게 인지상정이지요. 그와 똑같다고 생각합니다. 그 남자들을 만나게 된 것은 좋았고 감사하기는 하지만, 그렇다고 여자가 억압된 상황에 처한 것을 좋다고 할 수는 없습니다.

현재 미국에는 여자와 남자가 도저히 좋은 관계를 가질 수 없다며, 여자는 여자들끼리 남자는 남자들끼리만 살려고 하는 사람들이 있습니다. 일본에도 그런 사람들이 생겨나기 시작했습니다. 하지만 대부분의 사람들은 가능하면 남녀 사이좋게 함께 살고 싶어 하죠. 그렇다면 남자들이 가능한 한 여자들에게 길을 터 주었으면 합니다. 이번에는 여자가 제 몫을 다할 수 있도록 여자를 내세워 주었으면 좋겠습니다. 여자가 아이를 가져도 일할 수 있는 상황이 되도록, 그러한 기량의 크기를 일찌감치 보여주었으면 합니다. 하루빨리 할수록 기량이 크다는 걸 증명하는 길이라고 절실히 이야기하고 싶네요. 만약 따로따로 살고 싶은 게 아니라면, 혹은 여자를 이 나라에서 배제하고 싶은 게 아니라면, 그렇게 하는 것이 세계적으로도 좋은 평가를 받을 수 있다고 말하고 싶습니다.

그러기 위해서는 지금까지의 가치관이나 삶의 방식을 바꾸어 나가지 않으면 안 됩니다. '낳아라, 늘려라' 같은 효율 중시의 대량 생산과 소비의 시대로부터 몸과 마음 안팎의 균형이 잡힌, 느긋한 생활로의 변화가 요구되고 있습니다.

'남자다움'에서 자유로워지는 남자들

제가 강사로 있던 예비 신랑학교에서의 이야기입니다. 어떤 수강생 남성이 사귀고 있는 여자에게 "너, 담배 끊어"라고 했더니 그 여성은 "내 마음이지"라고 대답했답니다. 그래서 그는 "전 그런 여자랑 결혼 안 해요"라고 말합니다. 확실히 예전 여자들이었다면 '나를 사랑하기 때문에 내 몸을 걱정해서 저 사람이 그렇게 말해주는 거야'라고 받아들이겠지만, 그 여성은 그렇지 않았습니다. 그래서 그가 깜짝 놀란 것이죠. 만약 그가 "나와 함께 있을 때는 피우지 말아 줬으면 고맙겠어"라는 식으로 말했다면, 그 여자도 부탁의 하나로서 그의 말을 들었을지도 모릅니다. 그런데 갑자기 "나하고 결혼할 거면 담배 끊어라"라고 말하는 것은 상대방을 무시하는 말투죠. 거만하게 들린다고 해도 어쩔 수 없습니다. 명령조니까요. 심지어 협박입니다. 사실 아무렇지도 않게 그런 식으로 말하는 남성의 태도를 사랑이라고 오해하는 여성도 많지만, 그런 강요는 싫다고 말할 수 있는 자아를 가진 여성들이 나오고 있는 것도 분명합니다.

반면에 그런 자아를 가진 여성을 제대로 상대하지 못하는 남성들이 있는 것 같습니다. "그래? 그럼 됐어"라든지 "내 말을 듣지 못하겠단 말이지?"라든지, 소리 지르거나 삐져서 툴툴거리는 태도만을 취할 뿐입니다.

남자는 여자한테라면 뻐기고 으스대도 된다고 생각합니다. 연애와 결혼에 있어서도 남자는 여자를 턱짓 하나로 부릴 수 있는 부하 정도로 생각해 버립니다. 그게 '남자다움'이라고 오해하는 구석도 있습니다. 일이 잘 안 풀렸을 때, 만약 상대가 남자라면 자신이 반성하는 상황에서도, 상대가 여자가 되면 “내가 뭘 잘못했어?”라고 태도가 돌변하는 남자들이 의외로 많습니다. 이상한 여자한테 당했다, 건방진 여자와 잘못 맞닥뜨렸다는 식이 되어버리기 일쑤입니다. 주변에 있던 사람들도 “너, 정신 차려. 저런 것한테 깔아뭉개지기나 하고 말이야”라고 부추기기도 합니다. 어쩌면 자신을 성장시킬 중요한 기회일지도 모르는데 남자 체면이라는 것에 집착해서 모처럼의 기회를 놓쳐 버리기 때문에 일본 남성은 언제까지고 전 세계에서 가장 어린애 같다는 말을 듣고 마는 게 아닐까요?

요새는 함께 하는 여자로부터 자극을 받은 남자들 중에 매력적인 사람이 많은 것 같습니다. “여자가 세졌다”라는 말을 흔히 하지만 그건 오해를 살 만한 표현입니다. 세진 게 아니라 이제야 겨우 원래 상태로 복원되기 시작한 것입니다. 언제나 아래쪽을 바라보며 갤리선의 노를 저었는데, 요즘은 고개를 들어 자기 얼굴을 보여주게 되었기 때문에 남자들이 놀라고 있는 것입니다. 긴 머리칼과 가슴밖에는 없는 줄 알았는데 ‘얼굴이 있었다!’라는 듯 말이죠. 그러니 남자도 변할 수밖에 없습니다. 지금까지 남자는 여자 따위는 대수롭지 않게, 뭐라 하든 말 잘 듣고 밥 짓는 여자, 섹스하는 정도의 얼굴 없는 인간 정도로 생각하고 있었으니 충격이겠죠. 하지만 정말로 강한 남자는 그 쇼크를 견디고 변하려 하고 있습니다. 다른 사람들은 “뭐야, 여자 하자는 대로 하네”라고 손가락질할지 모르지만, 제가 보기엔 굉장히 용기 있는 사람들입니다. 그런 남성은 호기심이 많고 연약해 보여도 의외로 정신은 강인하고, 여성과 이렇다 저렇다 참을성 있게 서로 이야기할 수 있는 유연성도 있습니다. 감성이 '남자다움'의 마이너스 측면에 짓눌리지 않는 사람이거든요.

여자와 남자 사이에 가로놓인 시간 차

요즘 잡지나 TV 등에서 문화를 만들어내고 있는 것은 대체로 20대 후반에서 30대 초반 정도의 젊은 사람들입니다. 그런 사람들이 나이든 연배의 사람들을 보고 '저렇게 일하면 안 되겠구나'라고 생각하기 시작한 것 같습니다. 이제 조금 여유가 생겼으니까 약간은 일하는 방법이나 살아가는 방식 등을 다시 생각하고 바꿔 보자는 흐름이죠.

그런데 이제야 일하기 시작한 여성은 여태까지 월급 받는 곳에서 충분히 일해 볼 기회조차 없었기 때문에 거기서 최대한 자신의 힘을 발휘해 보고 싶고, 미치도록 일이 재미있다고 느끼는 경우도 있지 않겠어요? 그렇다면 여기에는 남성과 여성 사이에 시간 차, 엇갈림이 있습니다. 남성사회에서 여성은 그렇게 남성들과의 어긋남을 안고 '뒤늦게 온 사람'들입니다.

지금 여성은 남성에 비하면 개발도상의 단계에 있습니다. 세계의 남북문제에 빗대어보면 여성이 처한 입장은 남쪽의 개발도

상국들과 비슷한 상황에 있습니다. 동남아 국가들은 이제 필사적으로 공업화를 꾀하고 있습니다. 꼬리에 꼬리를 물고 자동차를 들여오고 있고 거리는 배기가스 매연으로 자욱해집니다. 그렇다고 그 사람들에게 대기가 오염되니 자동차를 그만 타라고 말할 수 있을까요? 누구라도 근대화를 진행할 권리가 있으므로 그런 말은 할 수 없습니다. 실제로 북쪽이 남쪽에 그걸 강요하기 때문에 세계회의에서도 이야기가 결말이 나지 않습니다. 실컷 배기가스를 뿌려대며 근대화를 완성했다고 해서 "우리가 그 폐해도 알게 됐으니 너희들은 그만둬"라고 말해도 되는 것은 아닙니다.

아직도 배기가스를 흘려보내고 있는 선진국들은 우선 자신들의 생활과 사고방식을 바꿔야 하며, 혹시 배기가스가 나오지 않는 차를 개발한다면 그 노하우를 개발도상국에 가르쳐 주는 게 맞지 않을까요? 실제로 선진국에서도 탈공업화를 꾀하거나 자동차를 그만 타자는 의견이 나오고 있습니다.

마찬가지로 남성들의 흡연율이 줄어드는 것과는 반대로 여성의 흡연은 점점 증가하고 있습니다. 이제야 일하기 시작한 여자들에게 담배를 피우거나 술을 마시거나 하는 것에 대해 실컷 피우거나 마셔온 남자들에게 말하는 것처럼 "그만둬"라고 말해도, 여성과 남성이 살아온 방식에 시간 차가 있으므로 곧바로 "네, 그래요"라는 대답이 나오지는 않겠죠. 남자들이 개발하고 이용해온 스트레스 해소방법을 여자가 답습하고 있는 것이고 그 나름대로 실질적인 효과가 있을 테니까요.

이 어긋남을 해소하는 것은 남북문제를 해결하는 것만큼이나 힘든 일입니다. 어디까지나 남쪽 나라의 자립과 경제력의 향상, 근대화를 생각하면서 동시에 지구의 생명도 같이 생각할 필요가 있기 때문입니다. 여성과 남성의 관계도 마찬가지입니다. 지금은 여성도 남성도 근본적으로 인간의 존재 방식을 다시 생각해야 할 시기입니다.

제 손으로 먹고 살 수 있는 여성, 스스로 일하는 여성들이 많아졌습니다. 사회에 한 걸음만 나가보면 정말 매력적인 여성들을 만나게 됩니다. 그런 사람들은 굉장히 생기가 넘치고 믿음직스럽습니다. 제가 남성에게 느끼는 믿음직함, 그리고 그 사람들이 내게 가져주는 믿음직함과 마찬가지입니다. 아내가 있든 남편이 있든 싱글이든 그런 것과는 상관없이 한 인간으로서 신뢰할 수 있는 것입니다. 제가 지금까지 만난 남성들은 연애 관계가 됐든 아니든 상관없이 신뢰할 수 있는 사람들이 많았다고 생각합니다. 그건 다 자기 발로 서 있기 때문입니다. 요즘 여성들 중에도 그렇게 자기 발로 서는 사람이 많아졌습니다. 아주 기쁜 일이죠.

옛날에는 무슨 문제가 생겨도 여성들끼리 해결할 힘이 없었습니다. 아침부터 회의를 해도 상의하는 사람들이 자기결정권이 없다 보니 아무리 지혜를 짜내도 사회성이 없다거나 실행력이 없다는 말을 들으며 좀처럼 결과를 내지 못했습니다. 그런데 요즘은 여성이 문제를 일으켜도 여성들끼리 의논해서 제대로 처리할 수 있게 됐습니다. 그 이상으로 멋진 것은 여성들끼리 합심하여 무언가를 만들어내고 사업까지 일으킬 수 있게 되었다는 것입니다.

여자가 일할 잘 하네 못하네 하며 걸핏하면 품평하는 남자들이 있습니다. 하지만 결혼해서 일하는 여자들은 가정에서는 주부 노예 역할을 제대로 해야 하고 갑판 위에서도 남자들이 하고 있는 것과 같은 일을 더 하니까 그야말로 중노동입니다. 아주 힘든 일이죠. 여자가 일하는 것을 마지못해 인정한 남자들은 "주부 노예 일을 제대로 해낸다면 갑판 위에 올려 줘도 된다"는 조건을 붙이기 때문에, 그것을 저는 현대의 잔혹 동화라고 일컫고 있습니다. 배 밑바닥 일과 갑판 일을 양쪽 모두 완벽하게 하라니, 끔찍한 이야기입니다.

남성의 경우는 집에 주부가 있어서 일상의 뒷바라지를 전부 해주기 때문에 갑판 위에서는 200% 일할 수 있게 됩니다. 갑판 위에 올라간 여성이 남성과 똑같이 일할 것을 요구받으면 갑판 위에서 200% 일하고 다시 가정으로 돌아가 가사노동을 100%, 즉 결혼해서 일하는 여성은 거의 300% 노동을 해야 합니다. 남자와 똑같이 일한다고 하면 여자는 이중노동이 아니라 삼중노동을 하게 되는 거죠.

그렇게 여성이 끊임없이 노력해서 겨우 갑판 위에 걸친 손을 밟는 것이 바로 성희롱입니다. 성희롱이라는 것은 "너희들 이급 시민 주제에 건방지다. 우리 일급 시민이 있는 곳에 오는 거 아니야"라는 짓궂은 언행이죠. 그렇게 손을 밟히면 다들 아파서 갑판에서 손을 떼고 떨어져 버립니다. "나 피곤해. 이제 일하기 싫어"라고 말하면서요. 그렇게 두더지 잡기를 당하게 되지만, 그래도 여자들은 굴하지 않고 열심히 해왔기 때문에 이제 겨우 남녀고용기회균등법도 생겼고, 오르고 싶은 사람은 갑판에 오르기 시작했습니다. 노동력 부족 문제도 있기 때문에 이제 앞으로는 여성을 무시할 수 없게 되었습니다. "요즘 여성들은 머리가 좋네요"라는 입발림 소리마저 듣게 된 것입니다.

이렇게 조금씩 여자의 힘도 인정받게 되었지만, 여자에 대한 험담도 나옵니다. 그럴 때 저는 이렇게 말해줍니다. "그렇게 싫은 사람이 남자 중에는 없나요?" 그러면 "그야 뭐, 남자들도 있긴 하죠"라고 합니다. 여자가 갑판 위로 나와서 남자들과 미묘하게 다른 느낌의 행동이나 말을 하면 반드시 공격의 대상이 됩니다. 어쨌든 갑판 위는 남자 사회이니까, 거기 방식에 따르라는 것입니다. 따르면서도 조금이라도 여성이 근무하기 좋은 직장을 만들어가기 위해서는 여성의 수를 늘려서 남성과 수의 균형을 맞추면서 여성이 처한 상황을 더 좋은 쪽으로 바꿀 수 있도록 자기주장을 해나가는 수밖에 없습니다.

"여자란 약한 존재니까 남자가 지키는" 것이라고 말하는 남자들도 있습니다. 요즘 같은 시대에 여자를 지킨다는 것은 무엇보다 지금과 같은 서술한 상황들을 해결하는 데 도움을 주는 것입니다. 그것이 진정한 남자의 상냥함이 아닐까요? 여자라서 어떻다는 소리를 듣지 않기 위해서라도 우선 법률을 바꾸거나 새로운 법률을 만들게 하고 그 법률을 능숙하게 운용하도록 해야 합니다. 이번에 생긴 육아휴직법도 그 중 하나입니다.[35]

갑판 위 여러 곳에 여자들이 있었으면 합니다. 좀 더 표면에 드러났으면 좋겠고, 더 중요한 자리에 앉기를 바랍니다. 페미니스트 여성이 한둘이라도 뭔가를 만들어내는 쪽에 있으면 좋겠고 일을 결정하는 자리에 있었으면 합니다. 정치나 경제나 매스미디어의 위치에 말이죠. 진심으로 그렇게 생각합니다.

개중에는 진상인 여자들도 있다는 건 알지만, 그래도 여자의 얼굴이 늘어난다는 것은 좋은 일입니다. 머릿속이 남자 판박이인 여자도 있긴 하지만, 그래도 여자라면 역시나 모두 같은 고민을 안고 있을 겁니다. 언제 어딘가에서 그 사람들과도 윙크하며 만날 수 있을지도 모릅니다. 실제로 그런 일도 일어나기 시작했습니다. 페미니즘 따위 정말 싫다고 말하는 여성들도 엉뚱한 계기로 이야기를 나누다 보면 자칭 페미니스트보다도 훨씬 더 본질적으로 페미니스트라는 걸 실감하게 되는 경우가 있습니다. 그런 사람들과

35 일본 육아휴직법 공포일은 1991.05.15. 한국은 2007.12.31에(남녀고용평등법(1987년 제정) 19조 육아휴직 조항이 신설되었다.

손잡고 함께 뭔가 할 수 있는 날이 눈앞에 있지 않을까, 그런 예감도 드네요.

'관을 쓴 페미니즘'이 아닌 그냥 페미니즘이 좋다

마지막으로 지난 십여 년간의 일본의 페미니즘에 대해 나름대로 말씀드리고 싶습니다.

일본에서는 페미니즘이 그 시기가 왔는데도 까닭 없이 미움을 받아서 좀처럼 이해받지 못했다는 느낌이 듭니다. 그 원인 중 하나는, 일본의 페미니즘이 '머리에 관冠을 쓴' 페미니즘이었기 때문입니다. '마르크스주의' 페미니즘, '생태주의' 페미니즘, '반근대 페미니즘' 등 수식어가 두드러지게 드러나 페미니즘 그 자체가 일반 사람들에게 잘 전달되지 못했던 게 아닌가 합니다.

그런 페미니즘은 모색 단계의, 혹은 페미니즘을 대중에게 이해시키기 위한 전략으로서의 페미니즘이었을지 모르겠지만, 어쨌든 단계적으로는 발전 도상적인 페미니즘이었다고 생각합니다. 어떤 의미에서는 기성 사상, 즉 마르크스주의나 반근대주의, 생태주의 같은 사상을 보완하거나 그 사상에 기대어 우선 남성들의 관심을 페미니즘으로 향하게 하려고 했는지도 모르겠습니다. 하지만 페미니스트로 살고 싶었던 여성들은 오히려 혼란스러워졌고 해방은커녕 또 하나의 억압을 짊어지게 된 것 같기도 합니다. 일반 여성들은 학문으로서의 마르크스주의나 반근대주의,

생태주의 등을 잘 모르기 때문입니다. 페미니즘은 인권사상입니다. 머리에서 '관', 즉 기성 사상을 벗어버린 그냥 '페미니즘'으로 충분합니다.

저 같은 경우에는 그냥 페미니즘이지만, 개중에는 일부러 '근본주의'를 붙여서 래디컬 페미니즘이라고 불러주는 사람도 있습니다. 하지만 페미니즘은 그냥 그 자체로, 어쩔 수 없이 근본적으로 래디컬하기 때문에 일부러 수식어를 붙일 필요는 없다고 생각합니다.

벌써 몇 년 전의 이야기입니다만, 공민관[36]이 주최하는 강좌나 강연회 등에 불려가 이야기를 한 뒤 출석자의 질문이나 이야기를 듣다 보면, 페미니즘으로 해방되고 싶어 하는 주부들 중에 어떤 종류의 지적인 가위에 눌려 꼼짝할 수 없게 된 사람들이 있는 것을 깨달았습니다. 그들에게 가닿은 페미니즘은 생태 페미니즘이라든가 반근대 페미니즘, 마르크스주의 페미니즘 같은, 페미니즘의 머리 위에 기성 사상을 실은 것으로 주부들이 거기서 받은 메시지는 자본주의 비판과 근대 비판이었습니다.

그 무렵 공민관에 모여든 주부들 중에는 단카이 세대[37] 사람들이 많았습니다. 그 세대는 젊은 시절 학생 운동을 했던 사람들

36 우리나라의 시민회관, 구민회관, 마을회관에 해당

37 일본에서 전후, 2차 세계대전 직후 1947년부터 1949년 사이에 태어난 베이비부머 세대.

이 많아서인지 자본주의 비판이나 근대 비판을 바탕으로 한 페미니즘이 알기 쉽고 흡수하기도 쉬웠다고 생각합니다. 하지만 그 사람들의 생활 방식을 보고 있노라면 정작 중요한 페미니즘에 대한 이해는 나중이었습니다.

당시 연구자로서의 페미니스트들은 이미 자신의 전문분야에서 나름대로 활약했던 사람들이었습니다. 페미니즘이 들어왔을 때 그들은 이것이야말로 여성이 원했던 것이라고 그 사상에 공감했던 경우로서, 자신의 학문을 잠시 중단하고 페미니즘의 세계를 전파한 연구자들이 많았던 것 같습니다. 말하자면 중도 하차 같은 느낌이죠. 즉 새로운 사상인 페미니즘을 자신이 전문으로 삼았던 기존의 이미 제도화된 사상을 바탕으로 설명하기 시작한 것입니다. 그 사람들의 전문분야의 응용편이었던 셈입니다. 그 반대는 아니었던 것이죠.

즉 생태학을 해온 사람이 생태주의적 페미니즘을, 마르크스주의를 해 온 사람이 마르크스주의 페미니즘을 각각 자신의 전문 영역에서 흡수하고 이를 해설한 것입니다. 그것은 가령 오랫동안 시대의 끝자락에서 자기 나름대로 페미니스트로서 살아온 라이프 아티스트 코마샤쿠 키미駒尺喜美나 고故 코니시 아야小西綾 같은 분들의 페미니즘과는 사뭇 다른 접근 방법이었다고 할 수 있습니다. 코마샤쿠 키미 씨가 페미니스트로 살아온 눈으로 생태주의나 반근대주의, 마르크스주의를 재검토하는 것과는 조금 다르다는 뜻입니다.

기성 사상 연구자로서의 페미니스트들은 그때까지 이미 갑판 위에서 뛰어난 업적을 올려 남자들과 각축을 벌이며 노력해 온 사람들입니다. 그 사람들이 페미니즘적인 발상에 눈을 떠 생태주의적 페미니즘이나 마르크스주의 페미니즘을 연구한 것이기 때문에 대단히 날카롭게 이 세상의 차별 구조를 설명해 주고 있는 것처럼 보입니다. 그러나 어딘가 논자 자신이 갑판 아래로 완전히 내려와 있지 않다는 느낌은 지울 수 없었습니다. 그 사람들은 갑판 아래로 내려오기는 하지만, 어디까지나 갑판 위의 사람들로서 논쟁이 끝나면 원래 자리로 돌아가 버리는 사람들입니다. 왜냐하면 이야기가 어느 정도 진행되면 그들의 태도는 제가 예전에 말했던 '아버지의 딸'이 되어가기 때문입니다. 여자로서 '여자'가 처한 상황을 훌륭하게 분석하고 있으면서도 분석자는 어딘가 남자의 관점을 버리지 못하고 있었습니다.

극단적으로 이야기해볼게요. 이미 근대화를 이룬 남성들처럼 그들은 자본주의제도의 실질적 폐해나 근대화의 나쁜 측면을 드러냅니다. 그러나 여성해방을 위해서는 자본주의가 마르크스주의보다 더 도움이 될 수도 있다는 측면에 대해서는 절대로 말하려들지 않습니다. "이 자본주의 사회에서 살고 있으니까 우선은 여기서 할 수 있는 만큼 노력해보자"는 주장도 하지 않죠.

주부는 자본주의의 협력자

공민관에서 마르크스주의 페미니즘을 공부한 주부들이 배운 것은 여성억압의 원흉은 자본주의요 기업이며, 자본주의제도와 가부장제가 결합할 때 여성억압의 골이 깊어진다는 것입니다. 또 여성들의 모임에서 강연하는 자칭 페미니스트들은 한때 여성이 대기업에 취직하면 그것이 고스란히 동남아 여성들의 착취로 이어진다거나 파트타임까지 포함해서 여성들이 돈을 버는 것 자체가 자본주의 사회에 가담하는 악이라고 주장하던 시절이 있었습니다. 실제로 70년대에는 〈커리어우먼을 타도한다〉라는 논문이 나오기도 했고 80년대에는 〈기업총철수론〉이 나오기도 했습니다.

결국 여자들은 경제적으로 자립하라는 메시지를 받으면서 동시에 사회에 나와 일자리를 얻으면 그것이 그대로 자본주의에 포박되어 착취당하는 것으로 이어진다는, 마치 파란불과 빨간불이 동시에 들어온 것과 같은 상태에 놓여버리고 말았습니다. 지금까지의 여성억압과 마찬가지로 바로 그 이중구속double bind 상황에 빠져버리게 되는 것입니다. 이러지도 저러지도 못하게 된 만큼 일본의 페미니즘은 상당히 뒤떨어졌다고도 할 수 있습니다.

실제로 지금 일본에서 공민관 주최 강좌에서 낮에는 페미니즘 공부를 하고 있는 주부들의 남편은 대부분이 샐러리맨입니다. 주부들은 남편의 벌이로 생활하고 남편이 보다 잘 일할 수 있도록 가사 일체를 도맡으며 남편과 자녀의 돌봄을 자기 일로 여기고 있으니까, 본인이 직접 기업에 취직하지 않아도 분명히 온 가족이 기업발전에 공헌하고 있는 것입니다.

이렇게 밖에서 일하지 않아도, 즉 아무리 취업을 거부했다 하더라도 주부야말로 사실은 가장 교묘한 방식으로 기업과 자본주의 발전에 협력하고 있는 상황이 됩니다. 전시에 전쟁에 협력했던 아내들과 시대는 다를지언정 똑같은 의미에서 '후방의 아내'인 것입니다. 게다가 자기가 직접 일하지 않으니 갈수록 남편의 수입에 의존할 수밖에 없기 때문에 무급가사노동을 하면 할수록 남편에 대한 의존도가 높아집니다. 여자의 삶의 선택지가 어쩔 수 없이 한정되어 버리는 건 지금까지 살펴봤던 대로입니다. 남편이 강을 더럽히는 세제 회사의 사장이면서 그 남편에게 내조의 공헌을 한 주부가 남는 시간에 "강을 깨끗하게 합시다"라고 생태 운동을 하는 모순과 비슷합니다.

현재의 일본처럼 여성과 남성의 성별 역할분업이 분명하고 그것이 해소되지 않은 채로 있음에도 불구하고 남녀평등이라고 해서 여성의 전통적 직장이 남성에게도 개방될 경우 남성은 점점 여성의 직장에 진출해도 여성은 남성의 직장에 진출하지 못합니다. 결국 남편이 보육교사가 되고 아내가 집에서 현미밥을 짓는 패턴이 되기 쉽습니다. 설령 남녀고용 기회균등법 같은 것이 생겨도 현실은 그렇게 되지 않는다는 것을 주위를 둘러보면 잘 알 수 있습니다. 여전히 남녀의 성별 역할분업이 그대로 유지되고 있습니다. 오히려 성별 역할분업은 그대로이고, 보모 등 여성의 전통적인 직업에서의 포지션이 하나 줄어드는 셈입니다. 생태주의적으로 사는 것은 좋지요. 다만 여성차별이 그대로 존속된다면 의미가 없다는 것입니다.

가사노동비를 누가 지불할 것인가

남권 지배 속에서 남자들이 간과해 온 출산 · 육아 · 집안일과 같은 무급의 가사노동을 마르크스주의를 분석 무기로 삼아 재검토하는 것이 마르크스주의 페미니즘이라고 합니다. 마르크스주의 페미니즘이 여성의 내조의 공을 따지는 이론적 근거를 제공하고 여성억압의 결과를 분석하는 구체적인 숫자로 내준다면 이는 매우 유용한 정보가 될 수 있지만, 한편으로 이 주부의 미지급 노동을 도대체 누가 지급할 것이냐, '국가냐 기업이냐' 하는 문제를 제기할 때 정작 중요한 페미니즘은 잘 보이지 않는 것 같습니다.

실제로 만약 기업이 지불한다면 당연히 그만큼 기업의 노동자에 대한 착취는 지금보다 더 악랄하고 교묘해지겠죠. 사람은 점점 더 기업에 흡수되어 갑니다. 가족을 거느리고 있는 약점을 잡히고 있으니까요.

또 미지불 가사노동비를 국가가 지불한다면 그것은 세금에서 지급하게 됩니다. 하지만 일하는 독신 여성이나 남성에게는 안된 일이죠. 단지 미혼이라는 이유로 기혼 남성보다 세금을 더 많이 지불하게 되고, 거기다 가내 노예가 없으니 전부 스스로 해야 합니다. 가정부를 고용한다손 치더라도 부양자 공제 같은 건 없습니다. 결혼해서 아이를 키우면서 일하고 있는 여성은 세금도 많이 내고 이중, 삼중의 노동을 견디면서 애쓰는데 심지어 가내 노예가 자신입니다.

따라서 이득을 보는 것은 주부를 두고 있는 샐러리맨 남자들이라는 얘기가 됩니다. 더 들어가면 그 노동력을 충분히 사용하고 있는 기업이 가장 이득을 보게 되는 게 아닐까요? 마르크스주의 페미니즘의 '기업이냐 국가냐'는 문제 제기 자체가 결국은 공격하는 상대에게 이득을 주고 일하는 여자들이 가장 손해 보는 상황을 만들어 버립니다. 거기엔 기업에 책임을 물을수록 오히려 기업이 이득을 보는 구조가 있다는 것, 그에 따라 전업주부 시스템을 좋은 것으로 치는 결혼제도도 점점 더 확고해지기까지 한다는 것입니다. 이렇게 공격의 화살이 기업이나 자본주의 체제로 향하면 나 몰라라 하기로 작정하는 것은 개개의 남자들입니다. 남자들 각자의 본래의 자세에는 하등의 변화도 없습니다. 기업을 공격 목표로 하는 한 남자들의 목숨을 점점 더 기업이나 국가에 내맡기도록 거들게 될지도 모릅니다. 조금도 여자가 해방될 수 있을 만한 상황이 되지 않습니다.

이 같은 경우가 차원은 다르지만 노르웨이의 여성 단체에서도 일어났습니다. 1989년, 제가 일본여성학회의 대표간사로 있을 때

초빙된 회의에서 주부의 가사노동을 GNP에 반영하도록 유엔에 촉구하기 위한 작업이 있었습니다. "지불하지 않아도 되니까 GNP에 넣어 달라"고 요구했죠. 그것만으로도 여성에 대한 존중의 마음이 달라진다고 본 것입니다. 그러나 이것은 허울 좋은 자기희생의 미화로 이어지는 것 아니겠습니까? 요컨대 내조의 공을 국제 규모로 인정하자는, 여성의 자기희생에 대한 국제적 자격검정 합격을 위한 운동에 지나지 않습니다. GNP에 들어가게 되면 여자의 미지불 노동은 인정되고 현상 유지해도 좋다는 이야기가 되지 않습니까?

가뜩이나 현 상황에 매몰돼 자기 해방을 소홀히 하고 싶은 것이 일반적인 여자들의 마음이라고 한다면 그다지 좋은 방향이라고는 할 수 없습니다. 그래도 지금까지 여자의 미지불 노동에 대해서 세상의 주목을 끌려면 안 하는 것보다 하는 편이 낫지 않을까? 물론 그런 의견도 가능하지만, 그것은 어디까지나 하나의 방편일 뿐이지, 한 걸음 더 앞을 내다보는 시야가 없으면 여자의 해방으로는 이어지기 어렵다고 봅니다.

마음은 사회주의, 발은 자본주의

마르크스주의 페미니즘에 따르면 자본주의와 가부장제의 상호작용이 여성을 더욱 억압하게 되었다고 합니다만, 정말 그런가요? 부권제가 여성억압의 원흉이라는 것은 의심할 여지가 없는 일이긴 해도 그렇다고 자본주의가 부권제와 대치될 만큼 여성억압의 원흉이 되고 있을까요?

과거 일본의 페미니스트들은 모두 무비판적으로 "자본주의가 나쁘다"라는 말 일변도였습니다. 그렇다면 서구국가, 그 중에서도 자본주의국가이면서 여성해방도 사회복지도 세계 최첨단을 가는 스웨덴을 어떻게 설명할까요? 또 구소련1991년 12월 붕괴이나 중국 등 사회주의 국가에서 일하는 여성들이 우리 자본주의국가의 여자들과 마찬가지로 여성이라는 이유로 남자보다 두 배, 세 배의 노동을 해야 하거나 가정 내 폭력으로 고통받고 있는 현실을 어떻게 해석해야 할까요?

아무리 사회주의 국가라도 페미니즘이 없는 곳이라면 여자가 처한 상황은 다 거기서 거기입니다. 이제 세계는 자본주의냐 사회주의냐가 아니라 양쪽의 좋은 점을 취할 필요가 있는 시대로 이미 접어들었습니다. 실제로 스웨덴 정치인들은 "마음은 사회주의, 발은 자본주의"라고 말하며 사회주의와 자본주의 양측의 상호 연계 운용을 필연적인 것으로 보고 있습니다.

이상적인 좌파사상의 진수가 프랑스라 자부하던 전 프랑스 보건장관의 말처럼 "평등과 공평은… 모든 가능성을 만인에게 열어주는 단순한 것"이라고 한다면, 그 사회주의의 '마음'만 있고 '발'이 마비됐던 나라 구소련은 국민의 경쟁력이 억압되어 생산성이 오르지 못한 채 끝내 무너지고 말았습니다. 또 일본처럼 여전히 돈벌이만 목적으로 철학도 없이 '발'만 가진 나라들은 공평함이나 평등, 복지의 개념이 성숙하지 못한 채, 민주주의도 불완전하고 남성과 여성의 관계도 봉건제도를 질질 끌어오고 있는 어정쩡한 나라가 되어 있습니다.

이제는 '마음'과 '발'의 균형과 그 상호 연계 운용이 필요하다는 것은 세계적인 필연이며, 그것 없이는 선진국도 개인도, 그리고 선진국과 개발도상국과의 공존도 이루어지지 않는다고 말해야 할 것 같습니다.

마르크스주의 페미니즘을 주창하는 남성들은 어쩌면 자본주의나 기업이 여성억압의 원흉이라고 계속 생각하는 쪽이 가까운 여성이나 가족과의 관계에서 민주화를 도모하는 것보다 편하기 때문에 그렇게 이야기하고 있는 게 아닐까요? 똑같은 주장을 하고 있는 여성들도 자기들에게 호의적이지 않은 사회에 나가 취업하고 노동하는 노력을 하는 것보다 자본주의제도나 근대화를 적으로 규정하고 비난하는 쪽이 더 편하기 때문일지도 모른다는 짓궂은 시각도 얼마든지 가능합니다.

자본주의제도는 많은 문제를 안고 있지만, 역사상 그 어느 때보다 많은 여성을 해방시켜 왔습니다. 현실적으로 자본주의국가일수록 여성의 해방은 더 진행되고 있습니다. 그건 자본주의가 선善이라서가 아니라 자본주의국가일수록 근대화도 민주화도 진척돼있고 개인주의가 정착해 있어 사회의 성숙도가 높기 때문입니다.

당연한 이야기지만, 근대 사회와 개인주의의 성숙 없이는 페미니즘이란 있을 수 없습니다. 페미니즘은 남성에게나 여성에게나 높은 개인의 성숙도를 요구합니다. 일본의 페미니즘이 개발도상적인 상황에서 아직 침체되어 있다고 한다면, 그것은 일본의 남녀가 각각 아직 개발도상적인 개체들이기 때문입니다. 남자와 여자가 아직도 상하관계의 신분을 갖고 살고 있으므로 각자가 개인으로서 성숙하지 못하고 있는 것입니다.

이렇게 남녀 사이가 대등하지 않은 사회의 취약한 부분을 이용하려는 것이 바로 자본주의제도이고 기업입니다. 자본주의제도는 인간의 약점을 파고듭니다. 욕망이든, 불안이든, 고독이든 간에 인간의 약점을 틈타 돈벌이를 합니다. 여성차별 역시 자본주의가 기회를 틈타 이용하는 약점 중 하나입니다. 성별 역할분업으로부터 여자가 자립하지 못하는 한 남자도 자립하지 못합니다. 의존할 수밖에 없는 관계에 쐐기처럼 파고드는 것이 이윤을 추구하는 기업입니다.

제가 보기에는 자본주의가 가장 두려워하는 것은 자립해서 개인이 된 인간입니다. 자유를 아는 인간입니다. 회사가 가장 다루기 어려운 것도 분명 자립한 인간일 것입니다. 결코 회사가 하라는 대로 하지는 않고 비판을 하며, 조건이 좋은 곳을 찾아 바로 이직합니다. 우수한 개인을 붙잡아두기 위해서라면 계속 좋은 대우를 해줘야 합니다.

수잔 조지[38]는 《왜 세계의 절반이 굶주리는가 - 식량 위기의 구조》라고 하는 책에서 선진국에 대해서는 개발도상국에 대한 "참견은 그만두라"라고 충고하고, 제3세계의 사람들에게는 "아무리 길이 험해도 구미(유럽과 미국)에의 의존도를 줄여 가야 한다"며 자립을 호소하고 있습니다. 또 "기아로 고통받는 사람들이 있는 것은 다국적 기업들이 날뛰고 있는 탓"이니까 그 사람들을 구하기 위해서는 기업들에 편지를 쓰라고 합니다. "햄버거 하나 줄이기 운동"을 벌이는 사람들에 대해서는 그런 걸 해봤자 오히려 "대목축업자의 독점적 지위만 강화시킬 뿐"이라고 합니다.

일회용 카메라 건전지가 이렇게나 낭비되고 있어 아깝다고 가르친 초등학교 수업 기록을 읽은 카메라 회사가 즉시 그 전지 사용방식을 바꿨다는 이야기를 들었습니다. 기업은 물건을 팔기 위해 평판에 목매달 수밖에 없습니다.

페미니즘은 민주적이고 차별없는 풍요로운 사회를 지향

근대 기계 문명을 비판하는 반근대 페미니즘 신봉자들은 근대 이후에 여성억압이 강화되었다고 말합니다. 확실히 메이지 시대

38 Susan George(1934~). 미국과 프랑스의 정치학자이자 반전운동가, 기아퇴치운동가이다. 암스테르담에 있는 싱크탱크 Transnational Institute의 회장이다. 1986년 이후 기아, 빚, 국제 경제 기관과 자본주의에 대한 책들을 써왔고 오랫동안 반세계화 운동에 영향을 주었다.

에는 '현모양처'의 기치 아래 여자들이 가정이라는 울타리에 갇혔고 성별 역할분업을 통해 여성억압이 강화되었던 것을 부정할 수 없습니다. 그러나 당시의 할머니나 어머니들의 쉴 틈 없는 미지급 중노동을 생각해봤을 때, 지금의 주부들은 훨씬 생활이 편해진 것도 분명합니다. 일차적으로는 근대화된 덕에 세탁기나 청소기, 밥솥 등의 가전제품을 사용함으로써 힘든 가사노동과 빈곤으로부터 해방되었기 때문입니다. 거기서 생겨나는 시간적, 정신적 여유가 거꾸로 여성에게 억압을 억압으로 의식하게 만드는 개인의 영역들을 길러내기 시작한 것입니다.

안타깝지만 궁핍하고 근대화가 늦은 나라에서는 여성해방이 불가능합니다. 가난하면 가난할수록 한 집안의, 그리고 한 나라의 경제는 여성의 자기희생과 무급노동으로 꾸려나갈 수밖에 없기 때문입니다.

일본 여성의 해방도를 세계 34위로 정한 미국의 인구위기위원회는 한 조사에서 아프리카의 기아로 여성과 아이의 사망률이 높은 것은 성인 남성에게 음식을 빼앗기기 때문이라고 보고하고 있습니다. 또 요즘 일본에서 일하는 동남아시아 여성들은 다들 가족을 위해 돈을 벌러 오고 있으며, 그 수입은 집에서 기다리는 아버지나 오빠가 가져간다는 것은 잘 알려진 사실입니다.

일본의 주부들은 이제야 겨우 60년대 미국 주부들의 상황을 따라잡기 시작했습니다. 미국의 60년대 여성해방운동의 발단이 된 베티 프리단[39]의 저서《여성성의 신화》는 교외의 여유있는 주부의 불만을 분석한 책입니다. 지금 일본 여성이 처한 상황과 마찬가지입니다.

신문을 펴면 매일 같이 여자가 남편이나 애인, 지나가는 남자들에게 살해당하거나 강간당하는 기사가 눈에 들어옵니다. 잡지나 대중매체에서 여성은 성적 애완물이자 여전히 가내 노예인, 새장 속 새로 취급되고 있습니다. 주부도 커리어우먼도 OL 사무직여성도 미치코 황후도 마사코 황태자비도 모두 여자라는 이유로 받는 차별은 같다는 사실을 잊지 말아야 합니다.

더구나 차별은 눈에 잘 보이지 않습니다. 차별은 차별받는 여성도 그 여성을 차별하는 남성도 눈치채지 못할 정도로 구조화되고 관습과 풍속이 되어 문화가 되고 자연스러운 것이 되고 있습니다. 차별이 '자연'이 되어버린 나머지 남성에 의한 여성의 구조적 지배, 여성의 사유물화, 예속화, 남권 지배를 가능케 하는 남성 중심 사회의 멘탈리티가 만들어졌습니다. 이제는 그 자체를 검토해서 좀 더 민주적이고 공평하며 관대하고 넉넉한 사회로의 모색이

39 Betty Friedan(1921~2006). 미국의 페미니스트 작가이자 사회운동가. 20세기 자유주의 페미니즘의 대표인물. 1963년《여성성의 신화(The Feminine Mystique)》로 미국에서 제2물결 페미니즘 형성에 크게 기여했다. 신좌파 성향 여성운동가인 글로리아 스테이넘도 그에게 영향을 많이 받았다고 한다. 전미여성연합(NOW)의 초대회장을 역임했고, 1970년 평등쟁취를 위한 여성파업시위 기획에 참여했다.

앞으로의 페미니즘의 과제인 것입니다.

남성우위 사회의 기만과 폭력으로부터 여성을, 그리고 더 나아가 남성을 해방하고 한없는 자유와 평등을 달성하기 위해서 여성은 자신감을 가지고 사회의 모든 분야에 진출해 모든 일을 결정하는 장에서 발언하고 지도성을 발휘해야 합니다. 남자와 여자가 우열 없이 평등하게 같은 출발선에 섰을 때, 그때 비로소 지금까지와는 다른 멋진 미래상이 구상될 것이 틀림없습니다.

2005년판 저자 후기

어떤 길이 '옳은 길'인지 스스로 생각하는 여성을 위하여

《사랑이라는 이름의 지배》가 단행본으로 출판된 지 어느덧 13년이 다 되어간다. 당시 6~7세였던 아이들은 지금 스무 살이 되었다. 그 사이 시대의 물결을 맞고 세상이 많이 변했을까?

변함없이 젊은 여성들은 알몸에 가까운 모습으로 거리를 걸어 다니고 다이어트에 열중이다. 방송에서는 F컵이니 H컵이니 큰 가슴이 화제다. 13년 전에는 '완렌 바디콘[40]'이 유행이었는데 명칭은 달라졌어도 여성의 패션은 여전히 그 비슷한 반복이다.

'패배자'가 되기 싫어서인지 젊은 여성들의 조혼 소망은 격증했다. TV에서는 여자 연예인들이 지금 시대에는 어울리지 않는 봉건시대의 언어 그대로 "우리 집 주인이", "서방님이"라 하고, 그걸 보고 또 젊은 여자들이 결혼을 동경한다.

40 일본어 조어(one-length+body+conscious). 원렌은 앞머리 없이 긴 생머리를 스트레이트로 내린 버블경제 당시 일본에서 유행하던 머리 스타일이고, 바디콘은 코르셋으로 몸을 죄어 가슴이나 허리의 선(線)이 돋보이도록 강조한 여성의 패션으로 몸에 달라붙어 체형을 강조하는 미니스커트 원피스를 말한다.

연예인이 이혼하면 변함없이 여자를 나무라며 상투적으로 "집안일을 하지 않았다"는 말이 나온다. 매스미디어도 시청자도 '차별 용어'에는 민감해도 "집안일을 안 한다"라며 여성을 비난하는 것이 '차별'이 되리라고는 생각하지 않는 것 같다.

직장 여성들의 말을 들어보면, 특히 야근 같은 걸 하고 있을 때 아직도 "일보다 남편의 밥 짓는 것이 중요하잖아", "남편이 불쌍하다"는 소리가 나온다. 여성 사원도 거기에 맞추어 면목 없다는 듯 대응을 하지 않으면 '쾌적한 사회생활'을 영위할 수 없다고 한탄한다.

여전히 여성은 육체가 얼마나 아름답고 매력적인지, 가사노동을 잘하는가 못하는가 등으로 평가되고 있는 측면이 있다. 13년 전보다 더 보수화 된 것처럼 보이기까지 한다.

실제로 아이들의 장래희망 조사를 보면[41], 남자아이가 되고 싶은 것은 1위 야구 선수, 2위 축구 선수, 3위 학자 · 박사, 4위 목수, 5위 음식점 주인이고, 여자아이의 경우는 1위 음식점 주인, 2위 어린이집 · 유치원 선생님, 3위 간호사, 4위 학교 선생님, 5위 사육사 · 애완동물 가게 주인 · 조련사로 집계되었다. 즉 남자아이들은 '남자아이다운' 운동의 세계로, 여자아이들은 '여자아이다운'

41 (원주) 「장래 되고 싶은 것」 (제1생명 2004년 「어른이 되면 되고 싶은 것」 2005년 4월 발표)

가정과 '모성'의 세계를 지향한다. 이를 보더라도 성별 역할분업을 괜찮다고 보는 낡은 가치관은 아직도 아이들의 의식에 깊이 파고들어 있음을 알 수 있다.

이러한 실태는 남녀 격차의 크기를 조사한 성별 격차 지수에도 나타나는데, 일본은 주요 58개국 중 38위로 중국33위 보다도 남녀 격차가 크다.[42] 그럼에도 불구하고 일본에서는 여자로 태어나길 잘했다고 기꺼이 받아들이는 여성의 수가 아주 많다. '다시 태어나도 또 여성이' 되고 싶다는 여성의 비율은 동아시아일본, 중국, 한국, 대만, 홍콩의 여성들 중에서도 일본 여성이 가장 높은 70%에 달한다.[43]

남성 조사에서는 '다시 태어나도 다시 남자로'의 비율이 일본, 홍콩, 한국 어느 나라에서도 약 9할을 차지하고 있다. 그렇다는 건 남자 쪽은 여자로 태어나는 것보다 남자로 태어나는 편이 이득을 보는, 즉 여성차별이 있는 편이 자기들에게 유리하다는 걸 잘 알고 있다는 의미이다.

그런 와중에도 '여성으로 태어나길 잘했다'라고 생각한다는 것은 일본이 여성에게 '불공평감'을 덜 안겨주는 나라이며, '남성의 아성'을 무너뜨리고 싶다느니 하는 생각을 할 필요도 없이, 그

‡

42 (원주) 젠더 갭 지수 (민간연구기관 「세계경제포럼」 2005년 발표)
43 (원주) 「다시 태어나도 다시 여성으로」 (통계수리연구소 2005년 발표)

럭저럭 살아갈 수 있는 조건을 갖춘 나라라는 의미일까.

갖고 싶은 것은 뭐든지 손에 넣을 수 있는 일본의 경제적 · 물질적 풍요로움, 그리고 윤택한 소비 활동 속에서, 현상 긍정의 풍조가 생겨나 여성의 불공평감이나 불평등감은 교묘하게 달래지고 얼버무려지고 있다. 한눈에 보이는 차별도 여성 특유의 억압된 멘탈리티로 인해 차별로 충분히 자각되기 어려운 면도 있다.

하지만 목소리를 높이는 여성들의 수도 역시 많아졌다. 남성이 이득을 보는 사회에서 남성 쪽에서 차별 해소를 위해 힘을 보태는 경우는 드물지만 그래도 유엔을 비롯한 여성의 인권을 중요하게 여기는 세계 조류에 힘입어 남녀고용기회균등법이 생기고 육아휴직법이 제정되었다. 가정과목은 남녀가 함께 수업받게 되고 1999년에는 남녀공동참여사회기본법도 생겼다. 이는 지금까지 반체제나 이단으로 여겨졌던 페미니즘이라는 사상이 여성의, 더 나아가서는 남성, 어린이의 인권을 지키는 사회를 실현하기 위한 사고방식으로 정부와 지방자치단체, 그리고 사회에 널리 도입되었다는 것이다. 다만 페미니즘의 키워드가 되는 '남녀평등'이라는 단어에는 알레르기를 일으키는 사람들이 있으므로, 그 개념은 '남녀공동참여사회의 형성'으로 치환되었다. 그렇지만 3장에서 서술한 '남성다움', '여성다움'의 개념은 반발이 있긴 했어도 '젠더'라는 말로 국가나 지방자치단체에서 받아들여지게 되었다. 2000년에 아동학대방지법, 스토커 규제법 그리고 2001년에 가정폭력

방지법이 생겼다. 장기요양보험제도인 개호보험제도介護保険制度도 2000년부터 운용됨으로써 여성의 역할로 여겨졌던 개호돌봄를 국민 전체가 뒷받침하게 되었다. 내가 이 책에서 호소했던 것들이 속속 법제화되고 있으니 반가운 일이다.

젊고 행복할 때는 법이 얼마나 소중한지 실감하기 어렵다. 그러나 막상 일이 터졌을 때 여성들을 위해 생겨난 이 새로운 법률들이 여성에게 얼마나 도움을 주는지 모른다. 어느 법도 아직 완벽하지는 않고, 또 그것을 사용하는 쪽에도 문제가 없는 것은 아니다. 그래도 새로 생긴 법은 여성이 살아남을 수 있는 강력한 의지처가 되어 준다.

법률뿐 아니라 여러 다양한 집단 속의 규제를 바꾸는 것도 여성이 살기 좋게 하고 그들이 능력을 키우는 힘이 돼준다. 예를 들면, 세계에서 활약하는 일본의 여성 프로 골퍼가 증가하고 있는 것도 일본 여자프로골프협회의 히구치 히사코 회장이 아마추어나 프로 관계없이 실력으로 승부할 수 있도록, 미국을 참고로 규칙을 바꾸는 개혁을 진행시켰기 때문이기도 하다.

일본 여성은 강해졌고 우수한 여성이 늘었다는 말을 한다. 그러나 원래 여성은 남성과 비교하여 손색없이 강하고 우수했다. 단지 남자 우선의 세계에서 여성은 뒷전으로 밀려나고, 그 삶의 방식이 남성의 시중꾼으로 한정됐기 때문에 재능을 키울 기회를 얻을 수 없었을 뿐이다.

여성들만 있는 곳이었다면 실력을 발휘할 수 있었을 것을, 가정이나 회사 등 남성과 함께 생활하고 일하는 곳에서 여성은 여전히 남성의 보조역으로 취급되어 실력을 발휘하기 어려운 차별을 겪고 있다.

회사에 다니는 내 젊은 친구는 "회사 매출에 직접 관련된 부문에서는 여성도 출세할 수 있게 됐다. 싫어도 숫자에 나오니까 남자들도 인정할 수밖에 없다. 하지만 숫자가 나오지 않는 간접 부문에서 여성의 관리직은 절대 생겨나지 않는다. 숫자에 나오지 않으면 남성 상사는 남성 사원을 높이 평가하려고 한다"고 지적한다.

한편, 닛산의 곤 사장 겸 CEO가 "닛산의 국내 관리직에서 차지하는 여성의 비율을 2007년 말까지 현재의 1.6%에서 5%까지 높일 방침"이라고 말하고 있고, 소니의 새로운 회장 겸 CEO 하워드 스트링거 씨는 "소니도 바뀌어야 한다. 젊고 유능한 인재를 잘 살려 소니를 재정립할 필요가 있다"고 이야기하면서 일본의 여성들은 유능한데도 그 힘을 아직 살리지 못하고 있다고 했다. 그 수가 많지는 않지만, 니치레이[44]처럼 1.2%였던 여성 관리직을 5%로 끌어올리는 '적극적 조치[45]'를 실행해 성과를 올린 회사도 있

44 ㈜니치레이. 일본의 냉동 식품 생산 업체. 전 세계 약 80개의 자회사를 두고 있다.

45 Positive Action. 고용에서 여성, 소수민족, 동성애자, 장애인 등에 대한 차별을 시정하기 위한 적극적 차별 철폐 조치(Affirmative Action).

다.[46]

실제로 여성의 관리직을 대폭 늘린 회사는 실적이 늘어나고 있다.[47] 여성차별은 인적 자원의 낭비이며, 일본 그리고 일본 국민에게 있어서 큰 손실이라고 하는 것을 정부도 국민도 다 같이 인식하고 한층 더 행동에 나서야 한다. 현저한 저출산과 노동력 부족 해소라고 하는 피치 못할[48] 사정이 있긴 해도 그런 것들이 새로운 뒷받침이 되어 육아에 대한 지원과 여성의 일할 권리가 보장되는 제도 개혁이 척척 추진되면 좋겠다.

2005년 4월에는 일과 육아의 양립을 목표로 한 차세대육성지원대책추진법 일명 차세대법 이 전면 시행되었다. 기업에게 사회적 책임을 묻고 '양립 지원'을 중요시하는 움직임에 따라서 '여성이 얼마나 일하기 좋은가'라는 항목에서 높은 평가를 얻은 기업의 주식을 편입한 투자신탁이 점점 증가하고 있는 것도 순풍의 하나라고 할 수 있겠다.[49] 이렇게 여성을 둘러싼 상황에 여러 가지 변화가 일어나고는 있다.

확실히 사람들의 의식은 단기간에 급변하지 않는다. 변화의

---

46 (원주) (재)21세기 직업재단「기업의 여성활용과 경영실적과의 관계에 관한 조사」(2004년 3월 발표).

47 (원주) 21세기 직업재단의 2003년 조사(일본경제신문 2005년 6월 9일자 조간).

48 저출산과 노동력 부족의 문제가 너무나 중대하기 때문에 어쩔 수 없이 여성의 사회진출을 허락한다는 남성사회 입장의 표현하고 있다.

49 (원주)《아사히 신문》2005년 4월 7일자 조간.

과정에서 현실과 의식은 괴리됐다, 붙었다 반복해간다. 어떤 여성들은 착실하게 직업의식을 연마하고 있는가 하면, 전보다 '의식이 후퇴'한 것처럼 보이는 사람들도 있다. 하지만 그것은 거대한 진화의 수레바퀴 속 작은 비틀림이라고 할 수 있다.

나선형 계단을 오르듯, 다시 같은 풍경으로 돌아와 있는 것처럼 보이지만 아주 조금이나마 과거보다 위에 올라서 있다. 남편의 허락 없이는 어디에도 갈 수 없었던 중년 여성이 '욘사마'를 동경해서 정보를 얻고 싶어서 컴퓨터를 시작하고, 한번 보고 싶었던 마음에 '욘사마'를 쫓아 한국까지 가기도 했다. 결혼하고 아이를 낳으면 으레 은퇴하던 운동선수들도 "타무라여도 금메달, 타니여도 금메달, 엄마가 돼도 금메달"[50]이라 말하며 여성 스스로 '자기 자신'을 선언하게 되었다.

여성들이 원하는 걸 원한다고 말할 수 있는 힘을 갖고, 자신에게 마땅한 평가를 요구하는 목소리를 낼 수 있게 됐다. 또 자신이 하고 싶은 일을 계속해 나갈 의지를 가지고, 그 의지의 실현을 돕기 위해 정부, 그리고 사회 전체가 조금씩 여성에 대한 태도를 바꾸기 시작한 것이다.

최근 수십 년간 여성도 남성도 삶의 방식의 선택지가 더할 나위

---

50 올림픽 유도 금메달리스트 타니 료코가 결혼, 출산해도 금메달을 노릴 것을 선언했고 언론에서는 '엄마라도 금메달'이라 보도해 그의 명언으로 남았다. 타니 료코의 결혼 전 성이 타무라(田村)이고 결혼해서 타니(谷) 료코가 되었다.

없이 늘었다. 자기 마음먹기 하나로 삶의 방식을 크게 바꿀 수 있게 되었고 호적의 성별까지 바꿀 수 있게 되었다. 또한 카운셀링 등이 확산되어 자신의 성장 과정을 다시 돌아보는 사람들도 증가했다.

걷고 싶은 길을 택해서 많은 사람이 같은 곳을 걸어 다니다 보면 자연스럽게 길이 난다. 그렇게 왔다 갔다 하면서도 확실하게 여자들도 다닐 수 있는 길이 알게 모르게 정돈되어 갈 것이다.

자신이 걷고 있는 길이 '옳은 길'이 아닐지도 모른다는 죄의식을 느끼는 사람들도 있을지 모르겠다. 그러나 지금은 어떤 길이 '옳은 길'인지 자신의 머리로 생각하는 시대다. 이 책이 그 계기가 되었으면 좋겠다. 자신감을 가지고 편안한 마음으로 인생을 즐겼으면 좋겠다.

그리고 여성차별 같은 건 더 이상 존재하지 않는다고 생각하는 행복한 사람들도 꼭 이 책을 활용하기를 바란다. 인생을 180도 다른 시각에서 보면 더 행복해질 테니깐 말이다. 그리고 10년 후에 이 책을 읽은 사람이 "그렇구나, 10년 전에는 모두들 아직 이래저래 속박돼 있었구나. 그에 비하면 지금은 여성도 살기 좋은 사회가 되었다!라고 말할 수 있게 되었으면 좋겠다.

2005년 10월

다지마 요코

1992년판 저자 후기

'끝이 좋으면 다 좋다'고 할 수 있는 날을 바라며

내 강연은 제한시간이 90분이든 120분이든 매번 마무리를 짓지 못하고 도중에 끝나버리기 일쑤다. "이 다음 이야기는 다시 만나게 되면 하죠"라고 말하고 연단을 내려온다. 수천, 수만 년 지속되어 온 여성 억압의 구조를 간단히 이야기할 수 있을 리가 없다고, 한 가지만 이야기해도 모든 게 다 연결된다고 변명하면서 말이다.

내가 자립하는 데 지난한 시간이 걸렸기 때문에 남들에게 그 이야기를 전하려면 매우 힘겹지만, 말이라는 게 아무리 무거워도 살을 붙이고 피를 통하게 하면 저 혼자 걸어갈 수 있지 않을까, 어떻게 말해야 가슴으로 받아주려나, 시작할 때나 끝맺을 때 하고 싶은 말은 이것밖에 없다.

언제나 이래저래 조바심만 내다가 결국 시간이 다 되어 끝나버린다. 이 책도 결국 강연과 똑같이 하고 싶은 말 다 하지 못한 채 끝나고 말았다. 부족한 게 많아서 손에서 놓고 싶지 않아 안타까워만 하고 있는데 결단성이 없다고 친구에게도 야단을 맞았다.

올해 2월 간행 예정이었기에 8개월이나 늦은 셈이다. 깐깐한 고집쟁이 사장 아사카와 미츠루 씨도 마침내 참을성이 동났다고 들었고, 상냥하고 인내심이 강한 편집자 미야케 요코 씨로 하여금, "저요, 편집자 피해자 동맹 만들래요!"라고 절규하게 만들어 버린 후에도, 미안하게도 벌써 2개월이 지나 버렸다.

여름휴가 전에 끝내겠다고 호언장담했던 체면상, 여름휴가를 자꾸 뒤로 미룰 수밖에 없어서 결국 9월 초에나 이렇게 휴가를 오게 되었다. 그런데도 기한에 맞추지 못해서 지금 런던에서 시차에 적응하지 못한 멍한 상태에서 이 후기를 쓰고 있다.

이 책이 나오게 된 계기는 《사람ひと》(1991년 1월호) 성교육 특집으로 아사카와 씨가 사이토 시게오 씨와 나와의 대담을 기획하면서 시작되었다. 사이토 씨는 일본 청년관이 주최하는 예비신랑 학교의 부교장이기도 해서 그곳의 강사였던 나를 타모리의 〈웃어도 좋다고!〉(후지TV)의 '신랑 아카데미' 코너에 강사로 내보낸 사람이기도 하다. 아무것도 몰랐던 나는 후지TV로부터 전화를 받고 무슨 일인가 싶어 무심코 가루이자와의 산 속에서 브라운관 앞으로 뛰쳐나가 버렸다.

이 책이나 텔레비전이나 따지고 보면 배후 조종자는 사이토 시게오 씨이다. 기타야마 리코 씨와 미야케 요코 씨에게는 신세를 대단히 많이 졌다. 키타야마 씨에게는 테이프를 원고로 정리하는 데 도움을 받았다. 기운도 많이 북돋아 주셨다. 미야케 씨에게는 이제 평생 고개를 들 수 없을 정도로 여러 가지로 고생을 끼쳤다. "그런 기특한 말을 해도 금방 잊어버릴 거면서"라고 미야케 씨의 따끔한 말이 되돌아올 것 같아 겁이 나지만, 그래도 정말로 진심으로 감사하고 있다.

또한 책 제목에 대해서는 《사랑이라는 이름의 지배》로 할까, 《작아지고 작아져서 여자가 되라》로 할까, 왔다 갔다 하는 바람에 아사카와 씨에게도 큰 폐를 끼쳤다. "끝이 좋으면 다 좋다"고 할 수 있는 날이 오기를 바랄 뿐이다.

1992년 9월 5일

런던에서 다지마 요코

옮긴이 후기

백래시의 시대, 선배 페미니스트에게 묻다

다양한 커뮤니티와 SNS를 통해 세상 소식을 접한다. 넘쳐나는 혐오의 언어들, 내 울타리 밖의 모든 것을 배척하고 비난하는 것이 깔끔한 라이프스타일이라도 되는 것 같다. 앞으로 가기만 하는 게 아니라 뒤로 물러서기도 하는 게 역사라지만, 요즘 우리 사회는 능력만능주의와 반페미를 공정이라는 이름으로 포장하는, 약육강식 혐오사회라는 한탄이 절로 나오고 희망을 말하기가 쉽지 않다. 사회적 약자에 대한 배려를 불평등, 역차별이라고 하는 주장에는 자기보다 강한 사람을 숭배하고 약한 자를 공격하는 억압의 연쇄 구조가 내포되어 있다.

이러한 억압의 연쇄 구조에 주목한 일본의 한 셀럽 페미니스트를 소개한다. 셀럽이라고 칭하긴 했으나 이 책의 저자 다지마 요코는 이른바 시세에 영합해 목소리를 내는 사람이 아니라 페미니즘의 전진과 후퇴 속에서 오랜 세월 싸움의 전면에서 버텨 온 사람이다.

2022년의 한국 사회를 보자. 저출산과 인구감소의 원인을 여성의 학력 상승과 권익 증진으로 돌리고, 젊은 여성과 남성의 관계가 악화된 것이 페미니즘 탓이며, 심지어 정당의 실패도 페미니즘의 문제로 돌리려는 분위기가 엄연히 존재한다. 자신의 지위를 개선하려는 현대 여성의 노력을 비난하며 모든 불행과 실패를 페미니즘 탓으로 돌리는 요즘, 페미니스트가 된다고 여성의 삶이 더 행복해지겠는가 하는 물음에 다지마 요코는 '내게는 그랬다, 당신에게도 그러길 바란다'라고 이야기하리라.

책을 번역하는 내내 나는 그의 강연장에 초대된 느낌을 받곤 했다. 저자가 여성의 억압적인 상황을 유쾌한 입담으로 막힘없이 술술 풀어낼 때면 조곤조곤한 어투로 휘몰아치는 듯한 울림이 있었기 때문이다. 갤리선의 노예나 집냥이 길냥이 비유를 들으면서 이렇게 손쉬운 설명이 있나 손뼉치기도 하고, 치마 교복에 대한 문제 제기에 대해서 '마음의 전족' 문제는 여전히 있어도 많이 개선되었노라고 외치면서 청중이 된 듯한 경험을 할 수 있었다.

이 책은 30년 전 일본이라는 시대와 지역적 토양에서 나왔다. 미투의 시기를 지나 온라인 인셀involuntarily celibate의 목소리가 인간 지성에 회의를 들게 만들고 페미니즘이 사회악이라도 되는 양 공격받는 백래시의 시대에 30년 전의 페미니즘 강연이 얼마만큼 독자에게 다가갈 수 있을까, 책을 옮기면서 한편으로는 걱정이 되기도 했다. 하지만 이 책이 일본 페미니즘의 고전으로서 젊은 여성들에게 최근에 재평가되고 있는 점을 주목하게 된다. 고전이 고전인 이유는 보편성 때문일 것이다. 여성의 사회적 지위가 아무리 좋아졌다고는 하나 여전히 여성으로서 겪는 고통과 한계는 우리의 삶 속에 스며들어 있다. 오래전 이 책의 묘사들은 지금의 세상과 그리 낯설지 않다.

저자의 사정으로 한국어판 서문을 책에 실을 수는 없었지만, 메일을 주고받으면서 최근 페미니즘을 둘러싼 흐름에 대한 저자의 관점을 엿듣게 되었다. 다지마 요코 선생은 독자 각자가 이 책을 읽고 무언가를 느끼고 행동할 수 있다면 그것으로 충분하며, 페미니즘을 둘러싼 현시점의 싸움들도 세월과 함께 지나갈 것이라고 보고 있었다. 책 한 권으로 많은 것을 바라지 않으며, 기나긴 페미니즘의 역사, 여성의 역사에서 '지금'을 긴 호흡으로 바라볼 필요가 있다는 어른스러운 대답이었다. 무엇보다 나 자신이 전근대를 살아가는 '주부 노예'가 아니라는 항변을 할 수 없었기에 저자의 해설은 개인적으로 여전히 유효했고, 나는 지극히 평범한 인간이므로 나와 같은 사람들이 얼마든지 있을 것이라는 결론에 도달했다.

이 책의 묘사를 보면 다지마 요코의 아버지나 연애 상대들은 다정하고 좋은 남자들이었던 것 같다. (의외인지 당연한지, 페미니스트의 배우자들은 괜찮은 남자일 가능성이 크다는 게 개인적인 인상이다.) 여성이 겪고 있는 억압과 차별은 개인의 문제, 인격의 문제가 아니라 구조적으로 그렇게 형성되어 있는 것이기 때문에 '나는 아니야'라고 자신할 일이 아니다.

구조란 삶의 어느 순간이든 대면하게 되어 있다. 페미니즘의 깨달음 대상은 오랜 역사 속에서 누적된 여성 차별의 구조이며, 저자가 강조하는 그 구조를 깨트릴 수 있는 수단은 역설적으로 개개인의 개성의 발견이다. 이 책에서 사용된 개성, 개인, 개체성이 내포하고 있는 의미는 '주체성' 혹은 '개인화에 걸맞는 시민성'이며, 원자화된 개인주의에서 발현되는 개성은 아닐 것이다. '세상 운운'에 휘둘리지 않고 여성다움, 남성다움의 굴레에서 벗어나 자신답게 살아간다는 것은 말하기는 쉬워도 그리 간단한 일은 아니다.

저자는 매스컴이라는 전장에 나가 치열하게 싸웠던 전사이기도 했지만, 이 책에서는 이도 저도 아닌 갑갑함에 짓눌리고 손발이 묶여 있는 듯 아무것도 못 하고 있을 때 그 원인분석을 통해 한 발이라도 내디딜 힘을 주려는 카운슬러가 되어준다.

저자는 고민 끝에 페미니즘을 발견했고, 그것을 수단으로 자신을 알아가고 뿌리를 찾아가는 과정을 거쳤다. 그렇게 얻게 된 자기 코어 근육의 튼튼함이 바로 다지마 선생을 묘사하는 희극적 태도, 경쾌함과 명랑함, 자신감의 배경이 아닐까 싶다. 샹송가수와 서화 예술가로서 여전히 자기를 표현할 매체를 가지고 있는 이 자유롭고 멋진 할매는 이런 삶을 선택한 사람들의 롤모델이 되어 줄 것이다. https://tajimayoko.com

한편 이런 걱정도 있었다. 흑인 페미니즘과 백인 페미니즘이 결이 다르듯이, 또 권력자의 아내와 여성 청소노동자가 똑같은 여성이 아니듯이, 모든 여성이 같은 처지, 같은 투쟁을 하는 것이 아닐진대, 어떻게 이 책의 추천사를 쓴 야마우치 마리코의 말처럼 "모든 여성은 자매"라는 우정 표현이 쉽게 공감을 살 수 있을까 하는 것이다. 이것은 쉽사리 해결될 수 있는 주제는 아니라고 생각한다. 다만 어머니와 딸, 세대를 잇는 날실의 연대와 세계 곳곳의 문제를 함께하려는 씨실의 연대를 상상하는 것은 끊임없이 다름을 의식하는 것보다 긍정적 에너지를 선사하는 것 같다.

여성학도 학문인 이상 다양한 학파와 조류로 분류되기 마련이다. 다지마 요코는 언뜻 보기에 래디컬 내지는 개인을 강조하는 자유주의 페미니스트로 보이기도 한다. 그런데 저자 자신도 자신의 페미니즘에 부여되는 분류를 거부하고 있고 목적과 수단이 전도된 운동의 오류들에 대한 저자의 비판도 틀렸다고 할 수 없다. 그래서 다지마 선생에 대한 나의 이런 인상이 혹시나 우리 일상에 팽배한 낙인찍기나 갈라치기가 아닌가 화들짝 놀라서 스스로 반성하기도 했다. 지금 페미니즘이 해야 할 일은 페미니즘을 나누거나 세력화에 매몰되어 공허하고 원론적인 주장만 할 것이 아니라, 빈곤, 노동, 과학기술 등 삶의 다양한 의제와 테마로 페미니즘이 활약할 영역을 넓히는 것일지도 모르겠다.

사족이지만 메타포로 읽어야 할 노예선의 비유에 역사 논쟁을 하는 이상한 일이 없기를 바란다. 단순화된 설명의 명쾌함이 시사하는 바가 분명히 있을 것이다. 또 이 책 속에는 페미니즘의 고전들이 간간이 소개되고 있어 그 책들로 넘어가는 가교역할이 되어주지 않을까 생각도 한다.

다지마 요코 선생의 저서가 한국어로 소개되는 것은 이번이 처음이다. 개인적인 관심으로는 《히로인은 왜 죽임을 당하는가》와 같은 초기 비평 쪽에서 보이는 반짝이는 통찰을 맛보고 싶기에 관련 분야 누군가가 관심을 가져주길 바란다. 번역을 맡겨준 김일수 편집자에게 깊은 감사를 드리며 부족한 솜씨가 누가 되지 않았기를 바라는 마음뿐이다.

2022년 8월

정승진